わかるファンド契約

弁護士

本柳祐介
MOTOYANAGI YUSUKE

一般社団法人 金融財政事情研究会

はしがき

　プライベート・エクイティ・ファンドは、我が国において2000年代中頃から存在感を高めています。現在では地域経済活性化や事業承継の場面でも広く活用され、社会全体に広まっています。

　プライベート・エクイティ・ファンドは組合型のファンドとして契約によって組成され、内部ルールは契約によって定められます。そのため、契約当事者は契約内容について正しく理解することが重要となりますが、契約書のボリュームはそれなりに多く、読みこなすことは容易ではありません。また、ファンドにはほかにも投資家がいることが多いことから投資家は交渉が難しいと考えてしまい、契約書の内容を確認せずにそのまま受け入れてしまう例もあるようです。

　組合型ファンドの契約について経済産業省がモデル契約を公表し、多くのファンド契約はこれに準拠しています（モデル契約には2010年（平成22年）に公表されたバイアウト・ファンドを念頭に置いたモデル契約と2018年（平成30年）に公表されたベンチャー・ファンドを念頭に置いたモデル契約の2種類がありますが、大枠において両者に大きな違いがあるわけではありません）。そのため、大多数のファンドでは基本的な仕組みに関する問題はありませんが、だからといって確認が不要というわけではありません。また、個別の契約条件はファンドごとに異なり、モデル契約の想定する前提と異なるファンドであることもありますの

で、ファンドの運営者と投資家の双方において具体的な権利関係や仕組みが適切に設定されているかを確認する必要があります。

　本書は、組合型ファンドの契約の基礎を骨太に解説します。モデル契約には条文ごとの解説も付され、逐条解説を参照することでファンド契約に対する理解を得ることもできますが、本書は逐条解説の前提や背後にある考え方を平易に説明し、より大きな考え方の枠組みを示すことで、ファンド契約に対する理解を深めることを狙っています。

　本書の刊行に当たっては、同僚の山本修弁護士にご協力いただくとともに、一般社団法人金融財政事情研究会の野村新氏にご尽力いただきました。この場を借りて心から厚く御礼申し上げます。

2023年8月

本柳　祐介

凡　例

投資事業有限責任組合契約法
　　　　　　　投資事業有限責任組合契約に関する法律
有限責任事業組合契約法
　　　　　　　有限責任事業組合契約に関する法律
金商法　　　　金融商品取引法
金商法施行令　金融商品取引法施行令
定義府令　　　金融商品取引法第二条に規定する定義に関する内閣
　　　　　　　府令
金商業等府令　金融商品取引業等に関する内閣府令
投信法　　　　投資信託及び投資法人に関する法律
H22モデル契約　経済産業省「投資事業有限責任組合モデル契約（平
　　　　　　　成22年11月版；英文版を含む)」(https://www.
　　　　　　　meti.go.jp/policy/economy/keiei_innovation/
　　　　　　　sangyokinyu/lps_model2211.pdf)
VCモデル契約　経済産業省「投資事業有限責任組合契約（例）及び
　　　　　　　その解説（平成30年３月版)」(https://www.
　　　　　　　meti.go.jp/policy/newbusiness/data/
　　　　　　　20180402006-2.pdf)

● 目　次

第12章　そ の 他

第 1 章

ファンド契約作成の視点

1 ファンドと契約の重要性

⑴ ファンドとは何か

「ファンド」とは、複数の投資家から資金を集め、その資金を元手として、運営者が運用を行うという資産運用の仕組みを意味します。典型的なファンドでは、運営者が投資家を集めてファンドを設立し、投資活動その他の投資ファンドの日々の運営を行い、利益を投資家に分配しています。

このように「ファンド」は資産運用の仕組みといえますが、資金を入れる器（ビークル）として何を用いるかは場合によって異なり、信託を用いる場合、法人を用いる場合、組合を用いる場合などがあります。信託型の投資ファンドには投資信託などがあり、法人型の投資ファンドには投資法人などがあり、組合型のファンドには投資事業有限責任組合などがあります。

このうち、バイアウト投資やベンチャー投資などのプライベート・エクイティ投資では組合型のファンドが用いられることが多くなっています。日本法に準拠して組合型の投資ファンドを組成する場合、以下の①〜④のビークルが考えられます。

①　民法上の組合契約に基づく任意組合

②　商法上の匿名組合契約に基づく匿名組合

③　投資事業有限責任組合契約法上の投資事業有限責任組合契約に基づく投資事業有限責任組合

④　有限責任事業組合契約法上の有限責任事業組合契約に基づ

く有限責任事業組合

　海外の投資ファンドは、③投資事業有限責任組合に似たものが多くなっています。

　以下、本書の記載は投資事業有限責任組合を念頭に置いたものとなっています。

⑵　ファンド契約の重要性

　組合は契約によって成立するため、組合型のファンドの内部的なルールは契約によって定められます。契約は、法令上の制約も一部存在するものの、原則として契約当事者の合意によって内容を定めることができるため、ファンドの内部的なルールの大部分は、ファンド運営者とファンド投資家の間の交渉によって内容が決まります。

　ファンドにおいて、ファンド投資家から集めた資金を元手にファンド運営者が日々の運営を行っており、この仕組みは株式会社における株主と取締役との関係に近いものがあります。もっとも、組合型のファンドでは、株式会社と比べて法令で決められたルールが少ないため、ファンド運営者がファンド投資家の期待どおりに働いてくれることが確保されるよう契約で細かいルールを定めることが必要となります。具体的には、ファンド投資家の権利義務を明確化すること、ファンド運営者に対して適切な範囲の裁量とインセンティブを与えること、ファンド投資家の裁量の適切な行使ができない場面などについて裁量の限界を定めておくことなどが重要となります。

　ファンド投資家がファンドに対して投資するか否かの判断を

行うときは、ファンド運営者が信頼に足る者であることが大前提となっていますので、投資判断の段階でファンド契約に適切なルールが定められているかどうかはさほど重要な問題とは思わないかもしれません。しかし、ファンドの存続期間は一般的に10年程度とされており、長い存続期間の間にファンド運営者の状況や投資環境などの状況の変化が生じる可能性があることを考えると、ファンド契約を軽視することはできません。ファンド運営者に善管注意義務が課されていたとしても、その適切な履行が期待できない状況になる可能性もあり、そのような場合にファンド契約においてあらかじめ適切なルールが決められていなければ、ファンド投資家としては著しい損失を被る可能性があります。

　また、ファンド運営者としても、ファンド契約が具体的なルールを定めていることが望ましい場合があります。一般的にはファンド運営者にとってはファンド運営に関する裁量があるほうが自由度が増すので望ましい場合が多いと考えられますが、裁量があることでかえって何が善管注意義務に従ったものであるかの判断が難しくなる可能性もあり、その意味ではファンド契約に行為指針となるような具体的なルールをあらかじめ定めておくことが望ましいといえます。

⑶　引受契約（Subscription Agreement）

　ファンドに関する契約はファンドの構成員で締結される1つの契約のみで構成されるとは限りません。匿名組合型のファンドであれば投資家ごとに契約が存在します。また、投資家が

ファンドに参加するために別途の契約が締結されることがあります。日本の任意組合や投資事業有限責任組合の場合、ファンド契約の署名欄にサインするだけでファンドに参加できるとされることも多いですが、海外のファンドの場合、引受契約（Subscription Agreement）が作成されることが多くなっています。

　この引受契約では、ファンドへ参加することについての合意が定められるほか、ファンド投資家の属性に関する表明保証も規定されることが一般的です。また、ファンド投資家に対する告知事項についても、引受契約に規定される例が多くなっています。

　ファンド持分の勧誘が適格機関投資家等特例業務として行われる場合、ファンド契約等で譲渡禁止に関する合意をすることが必要となります（金商法63条1項1号、金商法施行令17条の12第4項）。日本のファンドの場合にはファンド契約で譲渡禁止が定められることが多くなっている一方、海外のファンドの場合には、当該譲渡禁止を要件とする規定が日本のファンド投資家のみに適用されるため、日本のファンド投資家との引受契約又はサイドレターにおいて譲渡禁止に関する合意が定められることが多くなっています。

⑷　ファンド契約とサイドレター

　ファンド運営者と個々のファンド投資家との間で、ファンド契約に関連して個別の合意がなされることがあります。これをサイドレターといいます。これは、ファンド契約における合意

を補完又は修正することを目的とするものです。

　あるファンド投資家がファンド運営者との間でサイドレターを締結したとしても、ファンド契約の内容を変えるものではなく、他のファンド投資家を拘束する効果を持ちません。しかし、ファンド運営者は、サイドレターの相手方であるファンド投資家との関係ではサイドレターに定められた義務を負担することになります。例えば、サイドレターにおいてファンド運営者による一定の行為を禁止した場合（一定の範囲の投資対象には投資しない等）、ファンド契約で禁止されなかったとしても、ファンド運営者はサイドレターに違反する行為は行えないことになりますので、サイドレターを締結したファンド投資家の意図したとおりにファンドが運営されることとなります。

　また、ファンド契約においてファンド運営者に裁量が認められている事項について、ファンド運営者の裁量を制限することも多くなっています。例えば、ファンド契約においてファンド投資家としての地位の譲渡にファンド運営者の事前同意が必要とされている場合に、グループ会社等への譲渡についてはファンド運営者はあらかじめ同意するとの合意がなされることがあります。同様に、秘密情報の第三者提供の禁止についてファンド契約ではファンド運営者の同意が必要とされている場合に、グループ会社等への提供についてはファンド運営者はあらかじめ同意するとの合意がなされることもあります。このほか、ファンド運営者に対して諮問委員の選任権が与えられている場合に、サイドレターにおいてファンド投資家の指名する者を諮問委員に選任する旨の合意がなされることがあります。

　サイドレターによって一部のファンド投資家にのみ有利な取扱いが認められると、他のファンド投資家が相対的に不利益を受ける可能性があります。そのため、ファンド契約又はサイドレターにおいては、自己及び他のファンド投資家によって締結されたサイドレターの開示を受ける権利及び他のサイドレターに定められた権利を自らにも適用できるとする権利を与える条項（いわゆる最恵国待遇条項）が定められることがあります。

　サイドレターにおいて最恵国待遇条項が得られるのは、有力なファンド投資家に限られるのが一般的です。すべてのファンド投資家に対して最恵国待遇条項を与える場合、ファンド契約に規定を定めるのと変わらない結果となりますので、すべてのファンド投資家が希望しうるものであれば、サイドレターではなくファンド契約に規定することを検討すべきこととなります。

　ファンド契約において、完全合意条項が定められることがありますが、サイドレターが締結される場合、完全合意条項によってサイドレターが無効とされないよう規定を調整する必要があります。

2　ファンド契約における基本概念

(1)　ファンド運営者（GP）とファンド投資家（LP）

　ファンドは、ファンド運営者とファンド投資家によって構成されます。ファンド運営者とファンド投資家は、いずれもファ

ンド構成員としてファンドに対する出資を行う点では同じです
が、ファンドの活動に対する役割は異なります。

　ファンド運営者は、ファンドの投資活動を含むファンドの運
営全般を担当します。投資事業有限責任組合であれば無限責任
組合員がこれに該当します。任意組合であれば業務執行組合員
がこれに該当します。海外の一般的なリミテッド・パートナー
シップではジェネラル・パートナー（General Partner）がこれ
に該当します。このように正式な名称はファンドごとに異なり
ますが、無限責任組合員や業務執行組合員も含め、「GP」（ジー
ピー）と呼ばれることが一般的です。ファンド運営者（GP）
は、法人であることが比較的多いものの、個人である場合や組
合である場合もあります。ファンド運営者が組合の場合、ファ
ンド運営者には法人格がないため、ファンド運営者である組合
の運営者（無限責任組合員、業務執行組合員、ジェネラル・パー
トナー等）が実際の行為主体となります。この者を「GPGP」
（ジーピージーピー）などと呼ぶことがあります。

　ファンド投資家はファンドに対して出資をするものの、ファ
ンド運営には積極的に関与せず、ファンドの活動については受
動的な立場にとどまります。投資事業有限責任組合であれば有
限責任組合員がこれに該当し、任意組合であれば一般組合員が
これに該当します。海外の一般的なリミテッド・パートナー
シップではリミテッド・パートナー（Limited Partner）がこれ
に該当します。正式名称はファンドごとに異なりますが、有限
責任組合員や一般組合員も含め、「LP」（エルピー）と呼ばれる
ことが一般的です。

⑵ 存続期間と投資期間

　ファンド契約にはファンドの存続期間が設けられることが一般的です。存続期間はファンドの活動の期限であり、存続期間の満了は解散事由とされます。

　ファンド契約には、存続期間のほか、ファンドが新規投資を行うことができる期間として、投資期間（Investment Period）が設けられることがあります。この投資期間が定められた場合、投資期間終了後の新規投資は制限されます。投資期間は、新規投資のためのキャピタル・コール（Capital Call）を行うことができる期間であることから出資約束期間（Commitment Period）と呼ばれることもあります。

⑶ 出資約束金額、出資履行金額、出資未履行金額とキャピタル・コール

　ファンド投資家は、ファンド契約において自らの出資の上限額を約束することがありますが、この上限額を出資約束金額（Capital Commitment）といいます。ファンドに対する出資を求める通知をキャピタル・コール（Capital Call）といい、キャピタル・コールがなされた場合には、出資約束金額の範囲内である限り、ファンド投資家は所定の期間内にファンドに対して出資することが義務づけられます。

　キャピタル・コールに応じてファンドに出資された金額を出資履行金額（Capital Contribution）といいます。出資約束金額のうち、出資履行がなされていない分を出資未履行金額（Unpaid Capital Commitment）といいます。

⑷ 手取り金の種類

　ファンドが獲得する金銭としては、（ファンド投資家が出資した金銭を除き）投資処分によって獲得する「処分収益」が主なものですが、そのほかに投資処分以外の投資活動から得られる利子・配当等の「その他投資収益」と、処分収益及びその他投資収益以外の「特別収益」があります。

　処分収益については一度にまとまった金額がファンドに入ってくる一方、その他投資収益と特別収益は少額である可能性もあるため、ファンド財産の分配タイミング等で異なった取扱いを行うことが望ましいことがあります。また、投資に関連するものと関連しないものとして処分収益及びその他投資収益と特別収益を異なった取扱いとすることが望ましいことがあります。

⑸ 成功報酬とキャリード・インタレスト（Carried Interest）

　ファンドの投資活動が経済的に成功した場合、ファンド運営者はファンド投資家よりも多くの経済的リターンを得ることができるとされているファンドがほとんどです。このファンド運営者の得る経済的リターンは、ファンド運営者に対する成功報酬として定められる場合と、ファンドの利益から一定割合の分配を受けるファンド持分の権利内容として定められる場合があります。後者をキャリード・インタレスト（Carried Interest）と呼びます。これは、ファンド運営者に対する報酬ではなく、

ファンド持分の内容として（例えば株式会社の優先株式における優先配当のように）構成され、ファンド運営者はファンド投資家が有するファンド持分とは別の種類のファンド持分を保有していることになります。慣行上、成功報酬のことをキャリード・インタレストと呼ぶこともありますが、法的には異なる性質のものです。

ファンド運営者が個人として経済的リターンを受領する場合（組合などのパススルー・エンティティを経由する場合を含む）、キャリード・インタレストとして分配を受けることが税務上好ましい場合が多く、このような観点を踏まえて、ファンド契約作成の際にファンド運営者の経済的リターンの構成を決めることとなります。

⑹　ハードル・レート、キャッチ・アップ

ファンド財産の分配において、ファンド投資家が出資した元本額に充当する分の分配が行われた後、ファンド運営者が成功報酬又はキャリード・インタレストを受領する前に、ファンド投資家に対して一定割合が優先的に分配されることがあります。この分配は優先分配などと呼ばれ、優先分配される比率はハードル・レートなどと呼ばれます。出資元本の年○％といった形で定められます。

その後、ファンド投資家に対して優先分配として支払われたものについてのファンド運営者に対する成功報酬又はキャリード・インタレストの分配が行われることがあり、この分配はキャッチ・アップなどと呼ばれます。

⑺　特別有限責任組合員（Special Limited Partner）

　ファンド投資家のうち一部を特別有限責任組合員（Special Limited Partner）として分配における特別扱いを行うことがあります。特別有限責任組合員に与えられる権利は契約次第ではありますが、ファンド運営者の関係者が特別有限責任組合員となり、キャリード・インタレストを受領する権利が与えられることが多くなっています。

第 2 章

ファンドの基本的事項に関する規定

1 ファンドの形態、名称・所在地、契約当事者

　ファンドの基本的事項として、ファンド契約にファンドの形態が定められる必要があります。すなわち、どの法律に基づくどのエンティティかを特定することとなります。これが決まることにより、ファンド契約に定めるべき事項、ファンド契約の内容に関する制約（ファンド契約に記載されたとしても効力が否定される事項）、ファンド契約に定めがないときに補充的に適用になる法令上のルールなどが決まります。投資事業有限責任組合としてファンドを組成する場合、投資事業有限責任組合契約法により、一定の事項を定めることが必須とされ、投資事業有限責任組合には法人格がないこと、各ファンド構成員は組合財産を共有していることなどが決まります（組合財産特有の共有の性質については、後記5 (1)参照）。

　また、ファンドの名称・所在地、契約当事者などもファンド契約の基本的事項として定めることとなります。

　ファンド運営者に対して、一定のサービスを提供する者が関与することがあります。その他の関係者に関する規定を定めることは必須ではないことが多いものの、ファンド運営に重要な役割を果たすことが想定される者についてはファンド契約に記載されることが望ましい場合が多いと考えられます。特に、投資助言を行う投資顧問（投資一任として最終判断を行う場合を含む）についてはファンドの運営に重要な役割を担うことが多く、当該投資顧問とファンドの関係（とりわけ投資顧問の関与が確保

されていること）についてファンド契約に規定を設ける必要が
ないかを検討する必要があります。このほか、ファンドのバッ
クオフィス業務を担う者として管理会社が関与することがあ
り、このような管理会社の役割などについてもファンド契約に
規定を設ける必要がないかを検討することが必要と考えられま
す。また、このように一定の者がファンドに関与する場合、こ
れらの者とファンドとの間の利益相反についてもファンド契約
にファンド運営者の場合と同様なルールを定める必要がない
か、検討する必要があります。

2　活動内容

　ファンドの基本的事項として、ファンド運営者がどのような
投資を行うかについてもファンド契約に定める必要がありま
す。ファンド運営者に対してどの程度の裁量を与えるかを検討
することが重要となります。具体的には第 7 章を参照してくだ
さい。

3　出資と分配

　ファンドは、複数の投資家の資産を集め、その資金を元手と
してファンド運営者が運用する資産運用の仕組みですので、①
ファンド投資家による出資及び②投資によって得られたファン
ド資産の分配のルールも基本的事項として定める必要がありま
す。

出資については第 3 章、分配については第 4 章をそれぞれ参照してください。

4　活動期間

(1)　存続期間

　ファンド契約には、ファンドの存続期間が設けられることが一般的です。存続期間はファンドの活動の期限であり、存続期間の満了は解散事由とされます。投資事業有限責任組合の場合には、法律により、契約書の必要的記載事項とされています（投資事業有限責任組合契約法 3 条 2 項 7 号）。なお、存続期間満了後に解散・清算となるため、清算結了までファンドとしての実体は存続することとなります。

　ファンドの活動状況によっては存続期間を延長したほうが望ましい場合もあります（例えば、投資有価証券等を有利な条件で処分するためにある程度の時間が必要な場合）。そのため、あらかじめファンド契約において存続期間の延長を定める例が多くなっています。ファンドの存続期間延長には、一定割合以上のファンド投資家の賛成を条件とすることが多く、通常は延長できる回数や期間に制限が定められます。

(2)　投資期間（Investment Period）

　ファンド契約には、存続期間のほか、ファンドが新規投資を行うことができる期間として投資期間（Investment Period）が

設けられることがあります。この投資期間が定められた場合、投資期間終了後の新規投資は制限されます。例えば、株式を取得した後に投資先の企業価値を高める活動を行うハンズオン型のファンドの場合や、投資先の成長に期待して投資を行うベンチャー・ファンドの場合、投資実行から投資収益の実現までの間に一定の時間を要することが多く、ファンド運営者には早めに株式等の取得を終えてもらう必要があることから、この投資期間の設定が必要となります。また、投資期間を設定することで、ファンド存続期間の後半は、ファンド運営者には投資先発掘ではなく投資先のバリューアップに専念してもらう、という面もあります。

投資期間は、新規投資のためのキャピタル・コール（Capital Call）を行うことができる期間であることから出資約束期間（Commitment Period）と呼ばれることもあります。

⑶ 投資期間終了後の活動

ファンド契約に投資期間が設定された場合、投資期間終了後には、原則として新規投資のためのキャピタル・コールが禁止されることとなりますが、以下のような例外が認められるのが一般的です。

まず、投資の実行直前で投資期間が終了してしまった場合、投資期間終了という形式的な理由だけで投資の実行ができないのはファンドへの不利益を招く可能性があります。そのため、投資期間が終了前に投資に関する覚書を締結している場合などに投資を認める規定が置かれることになります。

また、既存投資先に対して追加で資金を投入したほうが投資収益の実現に資することもありますので、既存投資先への追加投資を認める例もあります。これはフォロー・オン・インベストメント（Follow on Investment）と呼ばれることがあります。もっとも、追加投資を無制限に認めると歯止めがきかないため、金額の上限などについて制限が定められることが多くなっています。

　このほか、投資とは関係のない、ファンド運営者の報酬やファンドの費用の支払のために行うキャピタル・コールは、投資期間終了後でも禁止されません。

5　財産の共有と損益分配

⑴　財産の共有

　組合型のファンドには法人格はありませんので（外国の場合は例外あり）、ファンド財産はファンド構成員が共有することになり（投資事業有限責任組合契約法16条、民法668条参照）、ファンド構成員はファンド財産に対して自らの出資割合に応じた持分を持ちます。もっとも、ファンド構成員によるファンド財産の分割を認めるとファンドの活動に支障が生じることとなるため、ファンド構成員によるファンド財産の分割請求を認めることはできません。日本のファンドの場合、組合財産の分割請求を禁止する規定（投資事業有限責任組合契約法16条、民法676条3項）は存在しますが、この規定は任意規定と考えられており、

ファンド契約にて権利関係を明確にしておくことが望ましいと考えられます。

⑵ 損益分配

　ファンドの活動によって生じる損益は、各ファンド構成員に配分されます。その配分は、基本的に各ファンド構成員の出資割合に応じて行われますが、ファンド投資家に有限責任が認められる場合、マイナス分はすべてファンド運営者に配分されます。

　また、ファンドによる投資について一部不参加が認められる場合には（第3章2、3参照）、損益の帰属についても投資案件ごとに計算することが必要となります。

⑶ 出資割合と異なる損益分配

　ファンドの財産分配ルールは契約によって定めることができますので、出資割合と異なる損益分配を定めることもできます。方法としては、①損益分配ルールにおいてある構成員に利益を多く帰属させ、他の構成員には少なく帰属させた後、帰属した損益に従ったファンド財産の分配をする方法と、②分配ルールにおいて出資割合と異なる割合による分配ルールを定め、当該分配ルールに従って損益分配を調整する方法が考えられます。VCモデル契約は②を採用しており、VCモデル契約28条4項においてファンド運営者に対してキャリード・インタレスト分配を定め、その分配結果がVCモデル契約27条3項により損益の帰属に反映されることとされています。

19

6 ファンドの会計

⑴ 財務諸表等の作成

　ファンドの会計について、まず財務諸表等の作成が問題となりますが、法律上の規定がある場合もあり、投資事業有限責任組合であれば、投資事業有限責任組合契約法に基づき貸借対照表、損益計算書及び業務報告書並びにこれらの附属明細書（財務諸表等）を事業年度ごとに作成することが求められます（投資事業有限責任組合契約法8条1項）。

　このような法律上の規定のほか、ファンド契約に規定が設けられ、年次での財務諸表等の作成のほか、半期や四半期での財務諸表等を作成する例が多くなっています。

　財務諸表等の作成の前提としての事業年度、半期事業年度及び四半期事業年度は、ファンド契約で定められます。最初と最後の事業年度、半期事業年度及び四半期事業年度については、ファンドの組成日及び清算結了日との関係上、期間として欠けることがありますので、管理報酬などについての処理を明確化する規定が定められることがあります。

　どのように財務諸表等を作成するかに関し、ファンド契約に会計基準が明示されるのが一般的です。投資事業有限責任組合の場合は、中小企業等投資事業有限責任組合会計規則（平成10年8月20日中小企業庁公示、10・8・7企庁第2号）及び日本公認会計士協会により公表された「投資事業有限責任組合におけ

る会計上及び監査上の取扱い」（平成19年 3 月15日業種別委員会実務指針第38号、その後の改正を含む）に従って財務諸表等が作成されます。

(2) 会計監査

　ファンド運営者が財務諸表等を作成する義務を負うのが一般的ですが、その適正さを担保するため、ファンド契約において会計監査が義務づけられることが多くなっています。事業年度に関する財務諸表等についての監査は義務づけられることが多い一方、半期や四半期の財務諸表について監査が必要とされるかはファンドごとに異なります。

　なお、投資事業有限責任組合の場合、通期事業年度に関する財務諸表等（業務報告書及びその附属明細書については、会計に関する部分に限られます）について、公認会計士又は監査法人の意見書監査が法律上義務づけられています（投資事業有限責任組合契約法 8 条 2 項）。もっとも、清算中の投資事業有限責任組合契約については、監査は必要ないと考えられます（経済産業省産業組織課「投資事業有限責任組合に関する最近の問い合わせ事例に対するFAQ集」（平成23年 4 月） 6 頁）。

(3) 会計帳簿

　会計帳簿の作成・保管について、ファンド契約に義務として定められる例が多くなっています。ファンド契約に定めることにより、ファンド投資家は、ファンド運営者による会計帳簿の作成・保管が不十分だった場合にファンド運営者に対する義務

違反を問うことができます。

⑷ 金商法に基づく財務諸表等

国内のファンド契約の中には、中小企業等投資事業有限責任組合会計規則等に基づく財務諸表等のほかに、金商法に基づく財務諸表等の作成を要求するものがあります。ファンド投資家からの要望によりこのような義務が定められる場合もありますが、金商法に基づく開示を行うのでなければ、必須ではありません。

ファンド運営者として、2種類のルールに基づき財務諸表等を作成することは負担となりますし、ファンド投資家としてもそのコストは基本的にファンドで負担することになりますので、金商法に基づく財務諸表等の作成が本当に必要かについて検討が必要と考えられます。

⑸ ファンド資産の評価

ファンドの会計や財務諸表の作成に当たっては、ファンドの保有する資産の評価が問題となります。会計基準に従ってファンド資産の評価を行うこととなりますが、ファンド契約に委ねられている部分がある場合には、ファンド契約に評価方法が定められます。投資事業有限責任組合の場合、中小企業等投資事業有限責任組合会計規則7条3項は、投資資産の時価評価について原則として組合契約に定めるところによることとしているため、ファンド契約において評価方法が定められることとなります。

第 3 章

ファンド投資家の出資義務

1 キャピタル・コール方式

　ファンドは、ファンド投資家による出資によって投資活動を行います。多くのファンドでは、ファンド投資家はファンド組成時に一定の金額を出資することを約束するのみで実際には全額の出資は行わず、ファンド運営者が必要に応じて出資を要請した際に初めて出資を行う方式、いわゆるキャピタル・コール方式が採られています。このファンド運営者による出資要請をキャピタル・コール（Capital Call）と呼びます。キャピタル・コール方式では、ファンドに資金が必要となるタイミングでキャピタル・コールがなされるため、ファンド運営者の手元に不必要な資金が留め置かれることを避けることができます。

　ファンド投資家は、自らの出資の上限額をあらかじめ約束しますが、この上限額を出資約束金額（Capital Commitment）といい、この範囲内である限りキャピタル・コールに応じてファンドに対して出資することが義務づけられます。キャピタル・コールはファンドが資金を必要とする際に行われるため、キャピタル・コール後は比較的短期間（10営業日程度）での出資が求められます。

　キャピタル・コールが行われる場面については、ファンド契約において具体的な資金の使途がある場合に限定されることもありますが、特に限定されずにファンド運営者の裁量とされることもあります。

　また、キャピタル・コールについては投資期間による制限や

キーパーソン事由による制限が課されることがあります（投資
期間については第2章4⑵、キーパーソン事由については第6章3
参照）。

2　出資義務の免除（Excuse）

⑴　免除（Excuse）とは

　ファンド投資家は、ファンドが取得した資産を間接的に所有
することとなります（第2章5⑴参照）。そのため、あるファン
ド投資家について、法令や内部規則により特定の投資対象への
投資が禁止されている場合、ファンドがそのような投資対象に
投資をしてしまうと、当該ファンド投資家について法令や内部
規則の違反が生じることとなります。この問題について、ファ
ンドが法令や内部規則違反が問題となる一切の投資を避けると
いう解決方法もありますが、ファンドの活動の範囲を限定して
しまうことになるため、特定の投資について法令や内部規則の
違反が問題となるファンド投資家について当該投資への不参加
を認めるという方法が採られることがあります。このように、
ファンド投資家の側から不参加を求めることができる場合を免
除（Excuse）といいます。

⑵　免除の要件

　ファンドによる投資は、ファンド構成員の全員参加が原則で
あり、ファンド投資家による不参加を認める場合でもその要件

は厳しく設定されるのが一般的です。また、ファンド投資家は
ファンド資産の運用について投資判断を行う立場ではなく、
ファンドによる投資への参加・不参加を任意に決定することは
基本的に許されないことから、法令や内部規則違反が任意の不
参加に対する口実とされないことを確保する必要もあります。
そのため、ファンド投資家に対して、免除を求める前に法令違
反や内部規則違反を回避するよう努力する義務が課されること
があります。

　また、ファンドによる投資がファンド投資家の法令や内部規
則の違反になることについては、ファンド運営者が納得できる
状況であることが要件とされるのが一般的です。具体的には、
"ファンド運営者が認めた場合に限り認める"とする例や"ファ
ンド運営者は法律意見書その他の資料を要求することができ
る"とする例などがあります。また、内部規則についても、
ファンド投資家が自由に定めることができるものであることか
ら、内部規則の種類を特定したり、内部規則の事後の変更に
よって追加された禁止に基づく免除を制限したりという対応が
なされることがあります。

　実際に免除が発生すると、当該免除を受けたファンド投資家
による出資がなされないこととなるため、投資案件の実行に支
障が生じる可能性があります。そのため、事前に免除の理由と
なりうる法令や内部規則をファンド運営者において把握してお
くことが望ましく、そのための方策をファンド契約に定めてお
くことも考えられます。

(3) 免除の効果

　出資義務の免除がない場合、（出資義務の不履行等の事情がない限り）あるファンド投資家のファンド財産に対する持分は、ファンド全体の財産について出資約束金額の割合で按分した額として計算されます。

　他方、出資義務の免除があった場合、投資資産ごとに持分を計算する必要があります。その結果、ファンド財産の分配やファンド運営者の受領する成功報酬、キャリード・インタレストなどの額の計算においても、個別の投資案件に対応してファンド投資家ごとに計算することが必要となります。

　また、出資未履行金額がファンド投資家ごとに異なることとなりますので、投資に必要となる金額を出資約束金額の割合で按分してキャピタル・コールを行っていくと、免除又は除外の対象となった投資家のみ出資未履行金額が残るという結果となってしまいます。そのため、キャピタル・コールにおける出資額の決定について、出資未履行金額の残額に応じて計算するなどの方策を検討する必要があります。

　ファンドの費用負担割合や管理報酬の減額（第9章5(2)参照）についても、免除の対象となったファンド投資家とそれ以外のファンド投資家との間の公平さという観点からは、個別案件に関連する場合には個別案件ごとに計算する方法が望ましい面もあります。しかし、このような計算では複雑で手間も大きくなります。特にファンド費用については、個別案件に関連するかどうかの判断が難しい場合もあるため、個別に計算しないこと

にも合理性があると考えられます。

3 出資義務の除外（Exclusion）

　ファンドによる投資について、あるファンド投資家が参加することにより、ファンド又はファンド構成員全体に対して法規制が課されたり、大きな税負担が発生したりすることがあります。このような場合、ファンドとして投資を避けるという方法も可能ですが、ファンド運営者の側から一部のファンド投資家を当該投資に参加させないことで法規制や税負担を回避するという方法をとるファンドもあります。このように一部ファンド投資家を参加させないことを除外（Exclusion）といいます。

　除外の理由をどのように定めるかは、ファンドによって異なり、法規制や税負担のほか、投資のリスクが増大することや他のファンド投資家に不利益が生じることを理由として除外を認めるファンドもあります。

　除外の効果に関して考慮する必要がある事項は、免除と同じです。

4 出資義務と不履行のペナルティ

　ファンド投資家がファンドに対する出資義務を履行しなかった場合、ファンドの投資その他の活動に重大な悪影響を与えることになるため、当該ファンド投資家は「不履行有限責任組合員」「履行遅滞組合員」「Defaulting Partner」などと呼ばれ、

ファンド契約に基づくペナルティが科されます。

このようなペナルティの一般的な例として、まず、不履行部分について遅延損害金が科されるということが挙げられます。また、ファンド投資家の多数決により決定すべき事項について議決権を停止することも一般的です。停止する議決権の範囲としては、出資の履行を怠った部分のみの議決権を否定するという方法も考えられますが、適時に必要な出資を行うことはファンド投資家としての義務のうち最も重要なものであるため、多くの場合、全体について議決権が否定されることになります。

このほか、以後の投資案件への参加を停止するというペナルティが科されることもありますが、出資義務の免除又は除外（前記 2 及び 3 参照）を認めることと同じ状況になり、持分などの計算やその後の処理が煩雑となる点には留意が必要です。また、ファンド財産の分配比率の削減や、持分の没収又は強制売却が定められることもあり、これらの方法がとられた場合には、当該削減又は没収の対象となった部分のうち費用や未履行債務への充当後のものを残りのファンド投資家に配分することなども規定されます。

これらのペナルティは強弱が異なるため、違反の程度に応じて段階的に、ペナルティ発動のための要件（一定期間内の治癒を認めるかどうかを含む）やペナルティの内容が設定されることがあります。

出資義務の不履行は、債務の不履行であり、ファンド契約に定められるペナルティのほか、民法などの法律に基づく損害賠償請求が可能とされます。そのため、日本法を準拠法とする限

り、ファンド契約に損害賠償に関する規定がないとしても損害賠償請求は可能であると考えられますが、このことを明確化するためにファンド契約において損害賠償に関する規定も記載されることがあります。

第 4 章

ファンド投資家の分配受領権

1 分配ルールの重要性

　ファンド投資は、経済的リターンを得ることを主目的として行われるものですので、ファンド資産の分配がどのようなルールで行われるかが極めて重要なものとなります。

　投資によってリターンを得る方法として、大きく分けると、①一定額を安定して得ようとするものと、②リターンを最大化しようとするものの2種類がありますが、投資ファンドにおいては②の観点に従ってルール化されていることがほとんどです。

　投資ファンドは、投資活動を行い、それによって手取り金を得ますが、ファンド契約においてその分配のタイミング、分配する金額、分配の優先順位などを決めておく必要があります。

2 財産の分配

(1) 収益分配のタイミング

　ファンドが投資処分を行った場合、その手取り金（処分収益）は比較的大きな額となりますので、当該手取り金を得た後、速やかに分配すると定める例が多くなっています。もっとも、振込手数料や事務負担の観点から、半期事業年度又は四半期事業年度に1度という定め方をする例やファンド運営者が任意に分配のタイミングを決定できるとする例もあります。

　ファンド投資家にとっては基本的に早い分配が望ましく、ファンド運営者にとっても早く分配するほうがIRRが高くなりますので（IRRはファンドに資金がある期間をベースに計算されます）、同様に早い分配が望ましいといえます。

　他方、投資処分による手取り金以外の金銭については、金額が大きくないことが多いため、半期事業年度又は四半期事業年度に1度という定め方をする例が多くなっています。

⑵　分配額に関する基本ルール

　ファンド財産の分配については、ファンド契約において順序が定められます。分配金をファンド契約に定められた各項目に対して順番に充当していくことから、このようなルールをウォーター・フォールと呼ぶことがあります。

　ファンド財産の分配の際には、まず費用（ファンド運営者が得る管理報酬を含む）に対する充当がなされます。その後、各ファンド投資家の"出資元本の100％"の返還が終わるまで、各ファンド投資家に対して按分して分配されます。"出資元本の100％"の返還が終わった後、優先分配が行われることがあります。

　その後、残額について、成功報酬又はキャリード・インタレスト（Carried Interest）の支払が行われます。一般的には、残額の20％程度がファンド運営者に分配され、80％程度がファンド投資家に分配されますが、ファンドの性質によって割合にはバリエーションがあります。

　なお、ファンド運営者もファンドに対して出資を行っている

ため、ファンド投資家への分配の際にはファンド運営者も投資家として他の投資家と平等に分配を受け、それに加えて成功報酬又はキャリード・インタレストの支払が行われることが多くなっています。

⑶ 出資元本への充当

ファンド財産の分配の際に行われる、"出資元本の100％"の返還方法については、ファンド契約における定め方に幾つかバリエーションがあります。

多くのファンドでは、"分配時における出資履行金額"への充当とされています。これは、実際にファンドに出資した額をまず返還するという考え方によるものです。また、ファンド投資家にとってより有利な定め方として、"出資約束金額全額"への充当を必要とする方法もあります。この場合には"出資元本の100％"の金額が大きくなり、その後の優先分配や成功報酬又はキャリード・インタレストの分配が行われるタイミングが遅くなります。

他方で、ファンド運営者にとって有利な定め方としては、"処分収益の原因となった投資に関する出資履行金額"への充当で足りるとする方法があります。この場合、当該投資処分に関する収支がプラスとさえなっていれば、他の投資で損失が生じていたとしても優先分配や成功報酬又はキャリード・インタレストの分配が可能となるため、ファンド運営者は成功報酬又はキャリード・インタレストを早い段階で受領することができます。また、"分配時までに処分済みの投資案件に係る出資履

行金額合計額"への充当とする方法があります。この方法の場合、処分済みの投資案件について損失が生じているものを含んでいれば、それも通算されますので、"処分収益の原因となった投資に関する出資履行金額"への充当で足りるとする方法と比べて、ファンド運営者に対する成功報酬又はキャリード・インタレストの支払は抑制されることとなります。

⑷　優先分配とキャッチ・アップ

出資元本への充当が行われた後、ファンド投資家に対して出資元本の○％という形で優先分配（この割合はハードル・レートなどと呼ばれます）が行われ、その後に、ファンド運営者に対して成功報酬又はキャリード・インタレストの分配（この分配はキャッチ・アップなどと呼ばれます）が行われることがあります（第1章2⑹参照）。

⑸　分配額の調整

ファンドからの支出が予定されている費用等がある場合、ファンド財産の分配を行ったすぐ後にキャピタル・コールを行うのでは煩雑となることがあります。そのため、支払に必要な金銭をファンド運営者の裁量で分配しないままファンドに留め置けるという権限が定められることもあります。

このほか、事務負担の軽減のために、分配額が一定金額に達しない場合には分配をせずファンドに留め置かれるとの規定が置かれることもあります。

また、分配額に関して端数調整が必要になることがあります

ので、ファンド運営者に端数調整の権限を与える旨の規定が定められるのが一般的です。

3　課税額分配

(1)　課税額分配（Tax Distribution）とは

　組合として組成されたファンドは、税務上パススルー・エンティティとして扱われますので（所得税基本通達36・37共－19、法人税基本通達14－１－１参照）、ファンドにおいて利益が出た場合、ファンド構成員に対してファンドから財産分配がなされる前、したがって手元に現金が来ない段階でも所得を認識すべき場合があります。このような場合、手元に資金がないにもかかわらず納税義務が発生することとなり、特に、ファンド運営者にとって、成功報酬やキャリード・インタレストの支払が留保される場合に（第８章３参照）切実な問題となりえます。

　このような場合に対応するため、主に海外のファンドにおいて、ファンド契約に課税額分配（Tax Distribution）の規定が定められる場合があります。この規定は、ファンドがファンド構成員の納税のために例外的に財産の分配を行うというものです。ファンド運営者のみを対象とする場合もあれば、ファンド投資家も対象に含める場合もあります。

(2)　分配額の決定

　課税額分配を行うためには、その金額を決定する必要があり

ます。適用される税率が分配を受ける者や分配される財産の性質によって異なるため、決定方法をファンド契約に定める必要があります。課税額分配を行うべき金額が少ない場合には、自らが納税額を準備することも可能であり課税額分配を行う必要性が乏しいため、事務負担・コストを軽減することを優先し、課税額分配を行う金額の下限を定めることもあります。

⑶ 分配資金

課税額分配は、ファンドからの分配金の前払という形で行われます。ファンドの手元に現金がない場合の対応として、キャピタル・コールを行うことによりファンド構成員から出資を受けることを認める例や、ファンドが現に保有する資金以上には課税額分配を行わないと定める例があります。ファンドが現に保有する資金以上の課税額分配を行わないと定めた場合、ファンド構成員の納税額は課税額分配によってカバーされないことになりますので、ファンド構成員はその金額を自ら調達することが必要となります。

⑷ 課税額分配の結果

課税額分配は分配額の先払いですので、課税額分配によって分配された金額はその後の分配から減額される必要があり、そのような規定をファンド契約に含める必要があります。

4 現物分配

⑴ 現物分配の必要性

　ファンドによる財産の分配は金銭により行われるのが原則ですが、流動性の低い資産に投資するファンドについては、適時の投資処分が難しい場合もあります。このような場合には、無理に投資処分を行うと処分価格が低くならざるを得ないため、現物で分配するほうがファンド投資家にとっても望ましいこととなります。また、流動性の高い資産であっても、投資処分のタイミングが悪い場合や、投資処分により値崩れを起こす場合のように、現物で分配するほうがファンド投資家にとっても望ましい場合があります。特に、ファンドは存続期間が決まっており、ファンドの清算のタイミングが投資処分の時期として適切であるとは限らないため、現物で分配することがファンド投資家の利益になることも多くなります。

　もっとも、流動性の低い資産による分配を受けても、ファンド投資家がその処分に窮することが予想されますので、現物分配に対しては一定の制限が課されるのが一般的です。

⑵ 市場性のある有価証券と市場性のある有価証券以外の資産

　分配される資産の処分可能性が高い場合、現物分配が行われたとしてもファンド投資家が不利益を被る可能性は高くないため、市場性のある有価証券については現物分配の要件が緩和さ

れる例が多くなっています。

　他方、分配される資産の処分可能性が低い場合、現物分配により投資家が不利益を被る可能性が高いため、現物分配の要件が厳しく設定される例が多くなっています。そもそも市場性のある有価証券以外の資産の現物分配を禁止する例が多く、そのほかに、ファンド投資家の多数決による承認が必要とされる例もあります。もっとも、清算時においては、基本的に投資処分の時期を見極めることはできないため、現物で分配するほうがファンド投資家の利益になることもあり、分配の要件が緩やかにされている例も多くなっています。

⑶　分配される資産の評価額の決定

　現物分配が行われる場合における分配対象資産の評価は、成功報酬又はキャリード・インタレストの金額等に影響するため、どのように評価するかについてファンド運営者とファンド投資家との間で利害が対立します。そのため、評価方法についてはファンド契約であらかじめ具体的に定めておく必要があります。この評価方法により決定された額は「分配時評価額」と呼ばれます。

　資産の評価方法について、市場価格がある場合には市場価格に従うこととされるのが一般的です。市場価格の定め方については、分配時の前日の終値とする方法や、一定期間の平均値を取る方法などがあります。

　市場価格がない場合については、ファンド投資家の多数決による承認を必要とする例や、専門家による評価に従うとする例

があります。しかし、これらの方法をとった場合でも価格の決定方法に裁量の余地が残り、ファンド運営者とファンド投資家との間に利益相反が解消され尽くしていないことから、前提となる基本的なルールについてファンド契約に定めることが望ましいと考えられます。

なお、現物分配の対象となった資産は、分配後においては、ファンド投資家の資産となりますので、その旨がファンド契約に明示されることがあります。

⑷　現物分配を受ける際の留意点

ファンド投資家が現物分配を受ける場合、受け取った資産をどのように保管し、処分するかが問題となります。特に海外の資産については、現地での証券口座の開設や対抗要件具備のための手続等が必要となる可能性があります。

また、ファンドから資産を受け取ることが法令上の規制に抵触しないかどうかについても確認が必要となります。日本法では、金商法に基づく大量保有報告書の提出義務や銀行法、保険業法、独禁法等に基づく議決権保有規制などの問題が生じる可能性があります。また、日本の外為法や現地国での外資規制への抵触が問題となる可能性もあります。

⑸　現物分配を希望しないファンド投資家への対処

前記⑷のとおり、現物分配を受けることにより様々な問題が生じうることから、現物分配を拒否したいと考えるファンド投資家も存在します。そのような者のために、ファンド契約又は

サイドレターにおいて現物分配を回避するための権利が与えられることがあります。

　この権利が与えられた場合、現物分配を拒否したいファンド投資家は、ファンド運営者に対して現物分配される資産の換金を依頼できる権利が与えられます。もっとも、現物分配される資産の処分は困難を伴うことが多く、ファンド運営者による処分については、ファンド運営者に対して広範な裁量が与えられ、ファンド投資家としては処分の方法や処分価格について異議を述べることはできないとされるのが一般的です。

5　投資リターン以外の財産の分配・払戻し

　ファンド投資家から出資された資金は、ファンドの投資活動や、ファンド運営者の報酬の支払、ファンドに関連する費用の支出などに使用されます。キャピタル・コール方式のファンドの場合、必要額の範囲でのみファンドに対して出資がなされるため、基本的にファンドには払い戻すべき資金がありません。また、ファンド投資家にファンド財産の分配を求める権利を与えるとファンドの活動に支障が出るため、ファンド投資家は、ファンド契約に基づいて分配される場合を除き、ファンド財産の分配を求めることはできません。

　もっとも、1度キャピタル・コールを行った後に投資案件がなくなった場合や、投資案件に必要な資金が当初見込みよりも少なくなった場合には、ファンドの手元に資金が残ることになります。これらの場合にはファンド投資家への資金の払戻しが

なされることがあります。未使用の資金がファンド投資家に戻されることになりますので、出資履行金額は減額され、出資未履行金額が増額されます。

　また、新規加入投資家又は出資約束金額を増額した投資家による出資が行われた場合にもファンドに不必要な資金が生じることになりますので、ファンド投資家に対して資金が戻され、出資履行金額が減額されることがあります（第11章1参照）。

　ファンドの投資活動が思うように進まなかった場合などに、出資約束金額の減額が認められる場合がありますが（第11章2参照）、減額後の出資約束金額が出資履行金額を下回るときには、出資履行金額が出資約束金額を上回った分だけ出資が払い戻されます。もっとも、このような減額はファンド資産の処分が強いられるなど、ファンドに対して著しい影響が生じるものですので、出資履行金額を下回る出資約束金額の減額が認められることはほとんどありません。

　これらのような分配については、分配に関する事務負担やコストが発生するため、分配を行うかどうかについてファンド運営者に裁量が与えられる例も多くなっています。分配されない場合、余裕金として運用されるのが一般的です。分配されなかった金銭を別の投資案件に使うこともできるとの規定を設けることもできますが、キャピタル・コールの際に投資案件を特定した通知が必要なファンドの場合、分配しなかった金銭を使用する際にもキャピタル・コールの通知に準じた通知を行うと定めることがファンド投資家の要請に沿うものと考えられます。

6 分配制限

(1) 純資産額を超えた分配の制限

　ファンドの財産分配を無制限に行うと、ファンドの責任財産が減ってファンドの債権者を害することになります。そのため、ファンド契約において分配制限が定められます。ファンドの貸借対照表上の純資産額を超えてファンド財産の分配を行うことが禁止されるのが一般的です。投資事業有限責任組合の場合、法律上も、貸借対照表上の純資産額を超えた分配が禁止されています（投資事業有限責任組合契約法10条1項）。

(2) 純資産額の計算

　ファンド契約における分配制限は契約の内容によって決まりますが、貸借対照表上の純資産額の計算において未実現利益は反映しないで計算すると定める例が多くなっています。ファンドの保有する投資証券等の貸借対照表における評価が時価評価によりなされていたとしても、実際に投資処分を行うまでは「絵に描いた餅」にすぎないともいえます。ファンド債権者の保護という観点から、この「絵に描いた餅」については純資産の計算に含めないことが望ましいといえます。もっとも、貸借対照表の作成後に投資処分が行われた場合、貸借対照表の作成段階では未実現利益であった利益が投資処分によって実現するということも想定されます。この場合は、貸借対照表を作成し

直して純資産を計算することも考えられ、ファンド契約の定め方によってはこのような対処も可能となります。

⑶　分配制限に違反して行われた分配額の返還

　分配制限に違反して分配がなされた場合、ファンド投資家はファンドに対して受領した分配額を返還しなければなりません。ただし、投資事業有限責任組合契約法において5年間の消滅時効が定められており（投資事業有限責任組合契約法10条2項但書き）、ファンド契約においても返還義務を一定期間に限るとの規定を置くのが一般的です。また、ファンド運営者も同様に返還義務を負うと規定されますが、こちらについては、期間制限を定める例は多くありません。

第 5 章

ファンド投資家のその他の権利・義務

1 出資義務以外の義務

(1) ファンドの債務に対する責任

　ファンド投資家の責任が有限責任である場合、ファンド投資家はファンドに対して出資を約束した金額以上の支払を求められることはありません。他方、無限責任の場合にはファンドに対して出資を約束した金額以上の支払を求められる可能性があります。そのため、ファンド投資家の責任が有限責任か無限責任かによって、ファンド投資家のリスクには質的に大きな違いが生じます。

　もっとも、具体的に考えると、借入れを禁止されているファンドが株式にのみ投資する場合には、ファンドの投資活動が失敗に終わったとしてもファンド資産がゼロになるだけですので、無限責任のリスクはそれほど高くありません。とはいえ、ファンドが負担する費用の支払義務や損害賠償責任によってマイナスが生じる可能性もあるため、無限責任のリスクがゼロとなるわけではありません。

　ファンドが借入れを行う場合や他の債務（投資有価証券売却時の買手に対する表明保証や誓約に伴うものも含みます）を負担する場合には無限責任のリスクはより大きくなりますので、ファンドに適用のある法令及びファンド契約において有限責任性が確保されているかを確認することが重要となります。

⑵ ファンド投資家の分配の返還義務

a 分配の返還が必要になる場面

ファンド投資家に分配が行われた後、その返還が求められることがあります。

ファンド投資家による分配の返還が必要となる例として、まず、法令やファンド契約において定められている分配制限に違反して行われた分配があります。このほか、①投資処分に関して表明保証違反があり買主から損害賠償責任を追及された場合、②投資処分に関する契約において価格調整条項に基づく売買代金の返還請求がなされた場合、③投資又は投資処分に関して損害賠償請求がなされた場合など、投資処分に関連して債務を負う場合があり、このような場合に債務の支払のために分配の返還が必要になることもあります。

また、ファンドの活動に伴ってファンド運営者の役職員等が責任を負担することになった場合、その補償としてファンドから支払を行うために、分配の返還が必要となることがあります（第8章5参照）。

このファンド投資家による分配の返還は、「LPクローバック」などと呼ばれます。

b 分配の返還の仕組み

ファンド投資家による分配の返還の仕組みとして、ファンド投資家に対する予見可能性を確保するために個別の分配の際に返還条件が付されることがあります。例えば、投資処分に関す

る契約において価格調整条項が含まれている場合には、分配の時から返還の可能性が見込まれるため、返還条件付きの分配がなされることがあります。他方、個別の分配の際に返還条件が付されなかったとしても、ファンド契約で返還義務ありとされていることもあります。ファンド契約に返還条件付きの分配に関する規定があったとしても、返還条件の付されなかった分配については返還義務なしと直ちにいえるわけではなく、ファンド契約の別の規定において返還条件が付されなかった分配についても返還義務があると定められることがあります。

　返還義務の範囲や返還の方法についてはファンド契約に定められることになります。投資処分に関して負ったファンドの債務支払に関する分配の返還は当該投資処分に関連する投資案件に出資したファンド投資家のみを対象とすることが公平であると考えられますが、そのような仕組みまで具体的にファンド契約に定められているのか確認が必要となります。また、現物分配が行われたものの返還については、分配を受けたファンド投資家が既に現物を処分している可能性もあり、金銭での返還を認める必要性が想定されますので、ファンド契約において金銭への換算ルールも定めておくことが必要となります。

　分配の返還が必要となる場合、キャピタル・コールと同様に、支払日の一定期間前に通知がなされるのが一般的です。ただし、分配の返還は、出資ではないので、出資約束金額の上限による制約はありません。

　ところで、分配の返還について、契約上の特別の規定がない場合であっても、費用の支払に充てるためのキャピタル・コー

ルとしてファンド投資家に支払を求めることもできます。もっとも、これは分配の返還ではありませんので、出資約束金額の上限による制約があります。また、ファンドの債務の支払のための手段として分配の返還とキャピタル・コールを選択できる場面もありますが、分配の返還として構成するほうがファンド構成員の合理的な意思に沿っていることが多いと考えられます。

c　分配返還義務の制限

第4章6⑶のとおり、分配返還義務については、時間的な制限が設けられることが一般的です。分配返還義務については、分配の返還が必要となる可能性があるものの、実際に分配返還請求が必要となるか明らかでない状況も想定されます。例えば、ファンドの債務について相手方と交渉中であるといった状況では、分配返還が必要となるか明らかではありません。そのため、分配返還請求が必要となる可能性について具体的にファンド投資家に通知することにより、分配返還義務の時間的制限は適用されないとの規定がファンド契約に定められることがあります。

また、ファンド契約において、出資約束金額の○％といった方法で分配返還義務の上限額が定められることがあります。

d　分配返還義務に関する強行法規

ファンド契約に分配返還義務が認められていたとしても、当該契約に優先する法律上の規定（強行法規）が存在する可能性

があります。逆に、ファンド契約上は分配返還が義務づけられない場合であっても、分配の返還を義務づける強行法規が存在する可能性があります。

投資事業有限責任組合の場合、ファンド契約に定められた分配返還義務の上限額を超えた返還が義務づけられることはないと考えられます。投資事業有限責任組合における有限責任組合員の責任は「出資の価額」の範囲に限定されており（投資事業有限責任組合契約法9条2項）、この「出資の価額」については「単に出資することを約束した金額ではなく、実際に出資された金額を指す」と解釈されていますので（経済産業省経済産業政策局産業組織課編「投資事業有限責任組合契約に関する法律【逐条解説】」（平成17年6月1日改訂）61頁）、契約上の義務を超えて、ファンドの債務弁済のための出資を求められることはないと考えられます。

⑶　表明保証

ファンド契約でファンド投資家による表明保証が定められることがあります。これは、大きく分けて、ファンド運営者がファンドを適法に運営するために必要なものと、ファンド投資家の地位が税務その他の面でファンド全体に悪影響を与える可能性を排除するために必要なものとに分けられます。

ファンドの運営は法令によって規制されており、ファンド自体やファンド投資家の属性によって遵守すべき内容が異なります。例えば、適格機関投資家等特例業務として届出を行うことでファンドが運営される場合、適格機関投資家等特例業務の要

件を満たす必要があり、この要件を満たさない場合には金融商品取引業者としての登録が必要になります。適格機関投資家等特例業務の要件には、ファンド投資家の属性に関するものが含まれていますので、ファンド運営者としてはファンド投資家の属性について確認することが必要となり、その確認方法の1つが契約における表明保証となります。また、ファンド投資家の属性によって税務上の取扱いが変わる可能性もあります。詳細は第12章2⑷を参照してください。

　ファンド契約における表明保証は、主としてファンド運営者がファンド運営を行うことに関する法令上又は税務上の要件を確認することが主目的となりますので、通常の取引における表明保証とは若干意味合いが異なります。通常の取引における表明保証は事実関係に関するリスク分担という意味を持ちますが、ファンド契約における表明保証は前記の趣旨ですので、違反したからといって直ちにファンド運営者に損害が生じるわけでもなく、また直ちにファンド運営者がファンド投資家に対して損害賠償請求を行うということにもなりません。

　表明保証は、ファンド投資家ごとに内容が異なるものが含まれることが多く、その場合にはファンド契約ではなく、引受契約（Subscription Agreement）に定められることも多くなっています。

　なお、ファンド契約に表明保証が定められたとしても、それだけでファンド又はファンド運営者が法令上の要件を満たしていることにはなりませんので、表明保証がファンド契約に定められていたとしても、ファンド運営者において別途の確認を行

うことは必要となります。

⑷　誓約（コベナンツ）・通知義務

　ファンド契約において、ファンド投資家の誓約が定められることがあります。前記⑶の表明保証において確認したファンド投資家の属性がファンド運営中に変動してしまうと法令上の要件を欠く可能性があることから、ファンド投資家に対して属性の変動が生じる行為を避けるための誓約が定められることがあります。また、ファンド投資家の属性に変動があった場合（又は変動が予見される場合）にはファンド運営者としてはファンド投資家から通知を受けて対処を検討することが必要となるため、通知に関する誓約が定められることがあります。加えて、ファンド投資家の行為がファンド全体に悪影響を与える可能性もあるため、これを排除するために必要な誓約が定められることもあります。このほか、ファンド管理のために通知先や送金先が変更となった場合などについて、通知義務が課されます。

　なお、適格機関投資家等特例業務の要件の１つである特例業務対象投資家該当性についての金商法施行令17条の12第１項各号に該当するかどうかは私募又は私募の取扱いの相手方となった時点で判定されるものであり（金商法施行令17条の12第１項柱書）、自己運用に関する金商法63条１項２号においても私募の取扱いの相手方となった時点で金商法施行令17条の12第１項各号に該当してさえいれば当該者は特例業務対象投資家に該当しますので、その後の地位の変動は問題とならず、特例業務対象投資家の地位を維持する旨の誓約は必須でないと考えられま

す。しかし、適格機関投資家等特例業務の届出者に対する行為規制として「法第63条第1項各号に掲げる行為を適切に行っていないと認められる状況」に該当しないように業務を行う義務が課されており（金商法63条11項、40条2号、金商業等府令123条1項30号）、特例業務対象投資家が特例業務対象投資家でなくなった場合の対応につき注意が必要となる可能性を踏まえると、ファンド投資家についてその属性を維持する旨の誓約を定めておくことも考えられます。

適格機関投資家等特例業務の要件として、すべての適格機関投資家が投資事業有限責任組合（運用資産財産残高（借入金を除く）が5億円以上であると見込まれるものを除く）である場合には適格機関投資家等特例業務の要件を満たさないとされていますが（金商業等府令234条の2第1項1号、2項1号）、この要件は適格機関投資家等特例業務の届出以降、業務を行わなくなるまでの間において問題となり続けます。したがって、投資事業有限責任組合である有限責任組合員に対して、運用資産財産残高（借入金を除く）が5億円以上であることについての表明保証に加え、5億円以上を維持することについての誓約及び地位の変動又はその可能性についての通知義務を定めることが望ましいと考えられます。投資事業有限責任組合以外の適格機関投資家が存在する場合には、この要件は問題とならないため、このような誓約の規定をファンド契約に定める必要性が低いファンドも多いかもしれませんが、投資事業有限責任組合以外の適格機関投資家がファンドから脱退する可能性も考えると、これらの規定を追加しておくことが望ましいと考えられます。

さらに、ファンドの運営者と密接な関係を有する者のうち一部の者（以下「算入対象者」という）の出資金は組合財産の総額２分の１未満である必要がありますが（金商業等府令234条の２第１項２号、２項２号）、この要件も適格機関投資家等特例業務の届出以降、業務を行わなくなるまでの間において問題となり続けますので、算入対象者該当性に関する地位を維持することについての誓約及び地位の変動又はその可能性についての通知義務を定めることが望ましいと考えられます。

このほか、日本国外で設立されたファンド資産の運用業務について、一定の投資家要件を満たすことにより金融商品取引業に該当しないものと整理した場合（金商法施行令１条の８の６第１項４号、定義府令16条１項13号）、ファンド投資家の地位の譲渡によって投資家要件を満たさなくなる可能性があるため、ファンド投資家の地位の譲渡についてファンド契約にて制限を定めることが望ましいと考えられます。

⑸ 義務違反の効果

出資義務以外の義務について違反がある場合、損害賠償義務が生じるものとされるほか、表明保証や誓約についてはファンド運営の適法性に悪影響がある可能性があることから、除名事由として定められることが多くなっています。その他の義務についても、重大な違反の場合には除名事由とされることが多くなっています。除名のほかに、ファンド持分を所定の価格でファンド投資家又は第三者に譲渡する義務が定められることもあります。

2 分配受領権以外の権利

⑴ ファンド投資家のその他の権利

ファンド投資の主たる目的は経済的なリターンを得ることにありますが、ファンドの適切な運営を確保するために、ファンド投資家にはファンド運営者の活動を監視する権利やファンドの重要事項の決定に参加する権利が与えられます。これらの権利については第10章を参照してください。

また、これらに加え、ファンド投資家によってはファンド投資を通じてファンド運営者との関係性を強化し、経済的リターン以外のリターンを得ようとすることがあります。ファンドによってはこのような者を戦略的LPとして他のファンド投資家とは違う取扱いをすることがあります。

⑵ ファンド運営に関する情報の受領

ファンド投資家が経済的リターン以外にファンドから得ようとするものとして、まずは、ファンド活動に関する知見が挙げられます。ファンド投資家としては、他のファンド投資家と同様の情報を取得することもできますが（第10章 4 参照）、それに加え、ファンド運営者から追加的にファンド運営者の活動そのもの又は投資分野に関する情報の提供を受ける権利を得ることもあります。

例えば、あるファンド投資家が自らファンドを設立して運営

することを検討している場合、ファンド運営者からファンドの設立・運営に関する情報やノウハウを取得することが考えられます。また、ファンド投資家が自ら投資活動を行いたい場合には、ファンド運営者から投資先候補の発掘方法に関する情報やノウハウを得るほか、投資対象分野についてのファンド運営者の知見を得ることも考えられます。

ファンド運営者から得る情報の内容及び情報取得の方法についてはサイドレター等に定められますが、情報取得の方法としては、ファンド運営者から定期的にレポートを受領する方法、ファンド運営者と定期的にミーティングを行う方法、ファンド運営者に職員を出向させる方法などがあり、後に見解相違が生じることを避けるため、なるべく具体的に定めることが望ましいと考えられます。

(3) 取引機会

ファンド投資家がファンドから得ようとするものとして、次に、取引機会が挙げられます。これには、ファンドとの共同投資機会、ファンドとの取引機会と、ファンド投資先との取引機会の3種類があります。

まず、ファンドと共同投資機会ですが、この権利が得られた場合にはファンド投資家としてはファンドの投資に並行して、ファンド投資先に対して投資を実行することとなります。魅力的な投資機会がある場合には、ファンドを通じた投資に加えて自らも投資に参加することで、より多くの投資リターンを得ることが期待されます。また、共同投資を行うことで投資先に対

する影響力を高めることもでき、後記の投資先との取引機会の
獲得可能性を高めることも可能となります。

　ファンド運営者がファンド投資家やその他第三者に共同投資
機会を付与してよいかはファンド契約に規定されます。ファン
ド運営者が得た投資機会をファンド以外の者に提供することは
ファンドの期待リターンを下げることになりかねないため、
ファンド契約において投資機会の提供を制限することも多く
なっています。したがって、ファンド投資家が共同投資機会を
得ようする場合やファンド運営者が共同投資機会を与えようと
する場合、ファンド契約においてそれが許されているかを確認
する必要があります。

　次に、ファンドとの取引機会については、①ファンドに対す
る有価証券等の売却、②ファンドからの有価証券等の取得、③
ファンドに対するアドバイザリーその他のサービスの提供、④
ファンドに対するローンその他の資金提供などが考えられま
す。ファンド投資家としてはこれらについて優先的な権利を得
ることが望ましいと考えられますが、他方で、ファンド運営者
としてはファンドの投資リターンを最大化する善管注意義務を
負っていますので、この観点によってファンド投資家に与えら
れる権利は制限されます。したがって、ファンド投資家に権利
を与えるにしても、ファンド運営者の善管注意義務を前提とし
た権利として規定されることになります。

　投資先との取引機会については、投資先との商取引、アドバ
イザリーその他のサービスの提供やローンその他の資金提供な
どが考えられます。ファンドの投資先とあらかじめ合意できる

ものではなく、また投資先の取締役の善管注意義務等の制約も
ありますので、ファンド投資家に権利を与えるにしても、その
ような制約があることを前提として規定されることになりま
す。

⑷　交渉と合意方法

　前記⑵や⑶の権利については、それを希望するファンド投資
家にとっては望ましいものである一方、ファンド運営者として
は負担となります。そして、その希望を受け入れることでファ
ンド運営者の労力が割かれることになると、ファンド運営者は
自らに課された善管注意義務を果たすことができなくなり、
ファンドの主目的である経済的リターンの獲得が損なわれる可
能性もあります。そのため、ファンド運営者にとっての負担の
程度を踏まえて、どの程度の内容の権利であれば定めることが
できるかを検討することになります。

　なお、これらの権利は、ファンド投資家が一般に必要とする
権利ではありませんので、個別にサイドレターで合意されるこ
とが通常ですが、特定のファンド投資家を特別扱いすることに
ついてファンド契約に規定を設けておくことが必要又は望まし
い場合があります。

第 6 章

ファンド運営体制の維持

1 ファンド運営体制の確認と維持

　ファンドの活動はファンド運営者に委ねられることになりますので、ファンド投資家は、ファンド投資を行うに当たってはファンド運営者の能力等を確認し、ファンド運営者の体制・能力がファンドの成功につながると期待できると判断した場合にファンド投資を行います。ファンドの存続期間中にファンド運営者の体制が変更されると、期待したファンド活動が実施できない状況になる可能性があるため、ファンド投資家にとっては、ファンド運営者の体制の維持が重要になります。

　ファンド運営者の体制として、まずはファンド運営者がファンド運営に注力する状況にあることが重要となります。ファンド運営者が競合する事業を行う場合、ファンド運営者がファンドに対して割く労力が減る可能性があるばかりか、投資機会の配分などにおいて利益相反が生じる可能性もあります。そのため、ファンド契約においてファンド運営者による他のファンドの組成やファンド運営者自らが行う投資活動を制限する規定が定められることがあります。

　また、ファンド運営者自体がファンド運営に注力していたとしても、ファンド運営者におけるファンド運営の中心人物がファンド運営に十分に関与しなくなった場合には、やはりファンド運営に支障が生じる可能性がありますので、ファンド運営の中心人物をキーパーソンと定め、当該人物のファンド運営への関与に変更があった場合にはファンドの投資を停止するとい

う効果が定められることがあります。

　ファンド運営者による外部委託が可能である場合、ファンド運営者に委ねたはずのファンド運営が第三者によって遂行されることになり、期待されたファンド運営が行われなくなる可能性がありますので、外部委託に関する制限の必要性も検討する必要があります。

2　職務専念

⑴　ファンド運営者の職務専念

　前記のとおり、ファンド運営者による他のファンド運営や自己の投資活動については、ファンド契約に制限規定が置かれるのが一般的です。もっとも、ファンド運営者によって既に運営されているファンド（先行ファンド）については、ファンド投資家としてもその存在を了解した上でファンドに参加するものといえるため、例外として許容されることが一般的です。また、ファンドの投資期間が満了した場合や、ファンドの出資約束金額の大部分が投資に使用された場合（フル・インベストメントなどと呼ばれます）には、ファンドによる新規投資は行われないこととなるため、その後は同じ目的のファンド（承継ファンド）を組成できると定めることが多くなっています。

　ファンド運営者が自ら投資活動を行うこと又は別のファンドを運営することを認める場合、投資対象が重複するのであれば投資機会の配分が問題となりますので、投資機会の配分につい

ての規定を設けることが望ましいと考えられます。

⑵ 専念義務・注力義務

ファンド運営者が他に事業を行っている場合（他のファンド
の運営を行っている場合も含みます）には、ファンドの活動のた
めに十分注力しない可能性があるため、ファンド契約において
ファンドの活動への専念義務又は注力義務を定めることがあり
ます。これらの義務は、ファンド運営者による他の事業等を制
限する前記⑴の裏返しともいえますが、専念義務又は注力義務
は抽象的な内容であり義務違反の認定が難しいことから、前記
⑴のような制限規定として定められるほうが一般的です。

3 キーパーソン

⑴ キーパーソン条項を定める理由

ファンドの投資活動を成功させるためには、何よりもまず有
望な投資先を探すことが不可欠です。また、投資先に対するバ
リューアップを積極的に行うハンズオン型のファンドの場合に
は投資先に対するバリューアップ活動を的確に行うことが必要
となります。このような活動には、ファンド運営者の中心的人
物（キーパーソン）が果たす役割が非常に大きいものとなりま
す。組織的にこれらの活動を行うことができるファンド運営者
もありますが、主として独立系のファンド運営者では、キー
パーソン個人の知識・経験・名声が重要になります。このよう

なファンドでは、ファンド投資家によるファンドへの出資も、そのキーパーソンがファンドの活動に積極的に関与し続けることが前提とされます。キーパーソンがファンドの活動に従事できなくなると、ファンド投資家のファンドに対する投資の前提がなくなるため、この事態に対応すべく、キーパーソン条項が定められるのが一般的です。

⑵ 誰をキーパーソンとするか

ファンドにとって必要不可欠な人をキーパーソンとします。有望な投資先を探すためのネットワークや投資先に対するバリューアップ活動について知識・経験を有する人物がキーパーソンとされ、該当する人物が複数人いる場合には、複数の者をキーパーソンと定めることもあります。また、複数人がチームとして重要な役割を果たしている場合、そのチームを構成する複数人をキーパーソンとしつつ、一部の者の交代ではキーパーソン条項は発動されないと定めることもあります（例えば、5名中3名がファンド活動に関与しなくなった場合には"キーパーソン事由"に該当すると定められます）。

なお、一定以上（持分割合の3分の2以上など）のファンド投資家の賛成がある場合などに、キーパーソンの変更を認める規定を定めることもありますが、持分割合の少ない投資家としては、自らの意向を反映しないキーパーソン変更が行われる可能性を下げるため、キーパーソンの変更に必要な賛成比率を高くするよう求めることなどが考えられます。

⑶　キーパーソン事由

　"キーパーソン事由"があった場合に、キーパーソン条項が
発動されます。

　キーパーソン事由の定め方としていくつかの方法がありま
す。"キーパーソンがファンド資産の運用に実質的に関与しな
くなった場合"と抽象的に定める方法のほか、キーパーソンの
関与度合いを高く維持するため"フルタイムベースで関与しな
くなった場合"と定めることもあります。他方、キーパーソン
が短期的に関与できなくなる場合をキーパーソン事由から除外
するため、関与の回復が見込まれないことを要件とすることも
あります。

⑷　キーパーソン事由の効果

　キーパーソン事由に該当し、キーパーソン条項が発動した場
合、ファンドによる新規投資のためのキャピタル・コールが禁
止されるのが一般的です。もっとも、投資期間が終了した場合
と同様に（第2章4⑶参照）、管理報酬やファンド費用の支払の
ためのキャピタル・コールや、既に決定していた投資のための
キャピタル・コールは禁止されないのが一般的です。既存投資
先への追加投資のためのキャピタル・コールが許されることも
多くなっています。

　キーパーソンの能力が投資処分に欠かせない場合、キーパー
ソン条項の発動により投資処分も制限すべきかが問題となりま
すが、投資処分が制限されると、キーパーソン条項の効果が解

除（後記(5)参照）されない限りは、ファンドを終了させること
もできなくなるため、投資処分までは制限しない例が一般的で
す。

(5) キーパーソン事由の効果の解除

　新しいキーパーソンが選任された場合又は新しいキーパーソ
ンを選任しないままキーパーソン事由の効果を解除すること
についてファンド投資家の多数決等による承認があった場合、
キーパーソン事由の効果は解除され、ファンドは通常どおりの
活動に戻ります。

　一定期間以上キーパーソン事由の効果が解除されないことを
ファンドの解散事由と定めることもできますが、ファンド資産
の処分を強いられることになるため、ファンドの解散事由とす
ることが望ましいとも限りません。

4　支配株主の異動（チェンジ・オブ・コントロール）

　投資先の選定やバリューアップ等の活動を組織として行うこ
とができるファンド運営者の場合には、担当者に変動があった
としてもファンドとしての活動に支障が出ないためキーパーソ
ン条項を定める必要はありませんが、支配株主が変わった場合
には組織としてのファンド運営に支障が出る可能性があります。
す。また、特定の支配株主の存在が投資機会の発掘その他の
ファンドの活動にとって重要な意味を持つ場合にも、支配株主
の変更によりファンド運営に支障が出る可能性があります。こ

のような事態が懸念される場合には、支配株主の異動をもって前記のキーパーソン事由が生じた場合と同様の効果を生じさせる規定をファンド契約に定めることが考えられます。

5　業務の外部委託

ファンド運営者が自らの業務を外部委託することの可否についてはファンド契約で定められますが、外部委託を認める例が多くなっています。ただし、ファンド財産の運用はファンド運営者自身によって行われることが重要であるため、ファンド資産の運用の外部委託が禁止されることがあります。もし、ファンド運営者が外部の投資一任業者にファンド資産の運用委託を行うことが予定されているストラクチャーであれば、当該投資一任業者への委託をファンド契約に定めつつ、当該投資一任業者による外部委託の制限を検討すべきことになります。

ファンド運営者による外部委託に関する費用のうち、バックオフィス業務等の本来はファンド運営者が行うべきものについては、ファンド運営者の負担とされることが一般的ですが、ファンド負担とされることもあります。いずれのケースもありうるため、ファンド契約に明示されていない場合には争いとなる可能性があり、ファンド契約に明記することが必要と考えられます。

ファンド投資家としては、ファンド運営者による外部委託によってファンド運営に関する責任追及が間接的になる点には留意が必要です。ファンド運営者が自ら業務を行っているのであ

れば、ファンド投資家はファンド運営者に対して直接義務違反を問うことができますが、外部委託されている場合には、ファンド運営者による委託先の選任・監督義務違反を問うか、ファンド運営者が委託先に対して委託契約上有する権利を代位して責任追及を行うことになってしまいます。

第 7 章

ファンド運営者の活動範囲の制限

1 ファンド運営者の活動範囲を制限する必要性

　ファンドの活動はファンド運営者に委ねられることになるため、ファンド運営者の活動を適切な範囲にとどめることが必要となります。

　まず、ファンドの活動範囲がファンド運営者の得意な範囲にとどまっていることが重要となります。例えば、ファンド運営者がベンチャー投資を得意としている場合に、再生局面にある会社に投資することはファンド運営者の能力を発揮できない可能性があります。同様に、国内投資の能力及び経験が豊富なファンド運営者が海外向け投資を行う場合には、ファンド運営者の能力を発揮できない可能性があります。そのため、ファンド投資家がファンド運営者に対してその強みを生かすことを期待している範囲をファンドの活動範囲として画することが必要となります。

　このほか、ファンド投資家の希望するリスク・リターンの範囲に応じて投資手法に関する制限を設けることがあります。例えば、リスクを限定したい場合、投機的な活動・手法を制限する、借入れ等によるレバレッジを制限するといった活動範囲制限が考えられます。さらに、ファンドの投資先によっては、ファンド投資家のレピュテーションが問題になる場合があるほか、ファンド投資家のESG等のポリシーに反する場合があり、この観点から、投資先に関しての活動範囲制限が考えられます。

　ファンドの活動範囲についてファンド契約に定める場合、ファンドの活動のみを限定するか、ファンドの投資先の活動も制限するかを検討する必要があります。ファンドの活動を制限した意義からするとファンド投資先による活動も制限するほうが望ましいといえますが、ファンドの投資先はファンド契約の当事者ではなく、また、ファンドが投資先に対してどの程度のコントロールを獲得するかという問題もあり、投資先の活動を限定することは現実的でない場合もあります。ファンドの活動範囲の制限を必要としている理由や、ファンドがどういった投資活動を行うかに応じて、投資先の活動についても制限を設ける必要があるか、制限を設けることが可能かについて検討することが必要となります。

　なお、ファンド運営者の活動の制限として利益相反に関するものも重要となります。詳細は第9章を参照してください。

2　投資対象の制限

⑴　ファンド運営者の得意とする範囲

　ファンドの活動範囲がファンド運営者の得意な範囲であることを確保するため、ファンド契約において、投資対象となる企業の地域、業種、規模、会社のステージなどが定められます。限定の度合いはファンド投資家がどのような期待を持っているかによって異なります。

　また、株式等のエクイティと社債等のデットでは投資に必要

とされる能力も異なるため、ファンド運営者の得意分野に応じて、投資する有価証券の種類についても限定することがあります。

　ファンド運営者の能力を適切に発揮してもらうためには限定を強めるほうが望ましい面がありますが、限定が厳しいと魅力的な投資機会を獲得するチャンスが狭くなる面もあるため、両側面からの検討が必要となります。また、投資対象の範囲を厳格に限定すると不都合が生じる場合がある点にも注意が必要となります。例えば、非上場会社への投資を目的とするファンドにおいて投資対象が上場した場合、国内における投資に付随して海外企業の発行する有価証券の取得が必要となる場合、最終的に株式に投資するとしてもひとまず転換社債を取得することが望ましい場合などが考えられます。そのため、投資活動に過度な制約が出ないよう一定の範囲での例外（出資約束金額の○％は上場会社に投資できる等）を定めることも多くなっています。

(2)　分散投資

　複数の投資対象に投資することを目的として組成されたファンドであれば、分散投資のためのルールが設けられることがあります。このような規定がないと、単一の投資対象に投資することが可能となってしまい、ファンド運営者に期待した活動が行われない結果となる可能性があります。また、分散投資がされないと単一の投資対象に多額の資金を投入することになるため、投資先の規模が想定したものよりも大きくなる、又は取得する議決権の割合が想定したものよりも大きくなるという結果

になります。このような観点からも分散投資に関するルールが必要となり、1社又は1業種当たりの投資上限が定められることがあります。

⑶ 社会的正義やレピュテーション

反社会的勢力に対する投資が実行された場合などには、ファンド投資家が投資判断に関与していないにもかかわらず、ファンド投資家側にもレピュテーションの問題が生じる可能性があります。そのため、このような問題を生じさせる社会正義に反するような投資活動が制限されることがあります。さらに、ESGなどの観点からより厳しめな投資制限が設けられることもあります。また、敵対的買収についても同じような観点で制限されることがあります。投資制限については、投資家ごとにポリシーが異なり、なかには厳しいポリシーを持っている投資家もあることから、ファンド運営者としては負担が大きくなる可能性がありますが、近時の社会的な要請からは避けがたい流れでもあり、ファンド運営者としては投資家獲得のために積極的に検討していくことが求められます。

3 リスクを拡大させる行為の制限

⑴ 借入れの制限

a レバレッジによる危険性の増大

ファンドで投資に際して借入れを行うと、ファンド投資家か

ら出資を受けた金額以上の投資が可能となるので、より大きな投資リターンを得る可能性は高まりますが、逆により大きな損失を被る可能性も高まります。

どの程度の借入れを認めるか（又は一切認めないか）は、ファンド投資家のリスクに対する考え方次第ですので、ファンド契約に自由に定めることができます。借入れを無制限に許容することもできますが、借入れの範囲について何かしらの制約が置かれることのほうが多くなっています。

b 借入れを認める範囲の検討

ファンドレベルで借入れを制限する場合、まず、一切の借入れを禁止することがあります。また、借入れの目的を限定する方法により制限が定められることもあります。例えば、ファンドの費用を支払うための借入れや、ファンドの投資活動に際してキャピタル・コールで出資を受けるまでのつなぎとして借り入れ、ファンド投資家に出資の不履行があった場合にそれを埋め合わせるための借入れに限定することがあり、このような範囲であれば、ファンドの負担するリスクは限定的なものとなります。さらに、借入れを行うことができる金額により制限が定められることもあります。

なお、投資先（買収ビークルを含む）における借入れについても制限の必要性が問題となりえますが、ファンドによる投資が有限責任性の確保されたエクイティ投資であればファンドにおけるリスクは限定されており、制限は設けられないのが一般的です。

短期間の借入れやブリッジ・ファイナンシング（つなぎ投融資）については、期間が限定されておりリスクが比較的小さいため、緩やかに例外を認めることも考えられます。後記5を参照してください。

(2) 保証・担保提供の制限

a 保証・担保提供

投資先の債務に対して保証や担保提供を行うことも投資先への投資方法の1つとなりうるものですが、保証や担保提供はファンドの投資リスクを高めるものであるため、制限の要否が問題となります。

考慮すべき点は基本的には借入れと同じですが、担保提供の場合には、ファンドが債務を負うわけではなく、またファンドが株式保有する投資先の借入れに際して当該投資先の株式を担保提供するのみであれば、当該投資先の投資案件に関するファンドのリスクは限定されており、許容できる範囲は広いと考えられます。

b キャピタル・コール権の担保提供

ファンドが借入れを行う際に、ファンド投資家へのキャピタル・コール権を担保とすることがあります。この担保提供については、ファンド契約において、ファンド投資家へのキャピタル・コール権を担保提供できること、貸付人がキャピタル・コールを実行できること等の規定が必要となります。また、担保としての実効性を確保するため、ファンド投資家において抗

弁権を主張せず全額を支払うこと等の規定も設けられます。

　キャピタル・コール権の担保提供に際し、担保権者となる貸付人に対してファンド投資家に関する一定の書類の提出が求められることがありますので、ファンド契約においてファンド投資家の書類提出義務を定める必要があります。また、ファンド契約上の地位譲渡や脱退を制限する規定、ファンドの解散やファンド契約の変更を制限する規定が置かれることもあります。貸付人に対する秘密情報の提供や借入れに関する費用をファンド費用に含めることに関する規定も必要となります。

(3)　デリバティブ取引の制限

　借入れ・保証・担保提供におけるファンドのリスクは、同様の効果を持ちうるデリバティブ取引によっても生じうるものであることから、ファンド契約にデリバティブ取引に対する制限が定められることもあります。ただし、ヘッジ目的の取引についてはリスクを軽減するものであるため、制限の適用対象外とされることもあります。

4　再投資の制限

(1)　再投資とリスク

　投資処分によってファンドが得た手取り金の再投資が認められるかについては、ファンドの性質によって異なりますが、いわゆるプライベート・エクイティ・ファンド（ベンチャーファ

ンド、バイアウト・ファンド、再生ファンドを含みます）の場合には、投資処分による手取り金はすぐにファンド構成員に分配され、再投資は認められない例が多くなっています。

ファンド投資家としては、出資約束金額を1回に限り投資のリスクにさらすことを想定している場合には、再投資を制限することが必要となります。また、ファンドの投資活動の性質が投資後のバリューアップに一定期間を必要とするものである場合、投資処分による手取り金の再投資ではバリューアップに必要となる期間が十分に確保できないと懸念されますので、このようなファンドにおいては再投資を制限することが望ましいと考えられます。

(2) 短期間で回収された投資処分手取り金の再投資

投資実行後すぐに投資処分がなされた場合、投資のために資金が活用されたとはいいがたい状況となります。プライベート・エクイティ・ファンドであれば、数年かけて投資先の価値向上を図るという投資スタイルが基本となりますので、短期間で投資処分を強いられた場合には、当該投資に充てられた資金はファンドの目的に沿った活用がされていないという結果となります。そのため、このような短期で回収された投資処分手取り金については、再投資が認められることがあります。

この場合、ファンドの目的に沿った資金の活用という観点からするとファンドの投資処分による手取り金のうち利益が生じた分についてまで再投資を認める必要はないので、ファンド契約において元本部分に限り再投資を認めるという規定が設けら

れることとなります。

　なお、このような規定が設けられた場合、後記5のブリッジ・ファイナンシングと異なり、投資実行時点での意図は問題とされず、結果的に短期で回収された投資処分手取り金であれば、再投資が認められます。

⑶　一部のリサイクル

　ファンドによっては、投資手取り金（投資処分による手取り金のほか、配当等も含みます）の再投資を認めるものもあります。特に、投資後のバリューアップに一定期間を必要としないタイプのファンドについては、投資手取り金を再投資してもファンドの活動がゆがめられることはないので、広く認めてもさほど問題にはなりません。

　投資後のバリューアップに一定期間を必要とするファンドにおいても、投資期間中の手取り金に限定して再投資を認めるとすることが考えられます。また、ファンド投資家が自らの出資した金銭を1回に限り投資リスクにさらすと想定している場合には、ファンドの管理報酬や費用に充当された資金についてのみ再投資を可能とすることも考えられます。

5　ブリッジ・ファイナンシング（つなぎ投融資）

⑴　ブリッジ・ファイナンシング（つなぎ投融資）とは

　ファンド契約において、ブリッジ・ファイナンシング（つな

ぎ投融資）が定められることがあります。プライベート・エクイティ・ファンドなどにおける投資期間は一般的に数年単位となりますが、このブリッジ・ファイナンシング（つなぎ投融資）は、通常の投資活動に付随する投資として、暫定的に短期間だけ投融資を行うものであり、企図する投資ストラクチャー組成の遅れにより一時的に別のストラクチャーで投資する場合、借入れに時間を要することにより一度ファンドから投資を行った上で借入れが実現した後すぐに投資を回収する場合、投資先の株式をいったん全部取得した上で投資先の役職員や共同投資家等に株式を譲渡する場合などに用いられることがあります。ブリッジ・ファイナンシング（つなぎ投融資）の定義はファンド契約によって異なりますが、当初の投資時点の意図として短期間での処分等が予定されているものに限定される例が多く見受けられます。

⑵　ブリッジ・ファイナンシング（つなぎ投融資）の取扱い

　ブリッジ・ファイナンシングについては、通常の投資とは異なる取扱いが認められることがあります。

　まず、前記2⑵の分散投資に関するルールについて、ブリッジ・ファイナンシングは至急の資金需要のために短期間に限って実行されるものであるため、一定の場合に投資額の上限を超える投資が許容されることがあります。

　また、前記4⑵の短期間で回収された投資処分手取り金の再投資と同じ趣旨で、ブリッジ・ファイナンシング（つなぎ投融資）の場合にも再投資が認められることがあります。前記4⑵

の短期間で回収された投資処分手取り金の再投資については、投資実行時点での意図は問題とされないため、その点でブリッジ・ファイナンシング（つなぎ投融資）に係る投資処分手取り金の再投資よりも再投資を認める要件が緩くなっています。そのため、両者を併存させる場合、ブリッジ・ファイナンシング（つなぎ投融資）の期間設定は前記 4 (2)の期間よりも長く設定されることが多くなっています。

6　分別管理

　ファンドの財産は、ファンド運営者によって管理がなされます。組合型ファンドの場合、信託型ファンド等と異なり、財産の分別管理・保管が仕組みとして確保されているわけではないため、ファンド運営者における管理体制が重要となります。

　分別管理の方法は、すべての種類の財産について細かく規定するのも現実的ではなく、ファンド運営者に委ねる部分が生じることは避けられませんが、なるべくファンド契約に具体的に定めることが望ましいと考えられます。

　第二種金融商品取引業を行う金融商品取引業者又は適格機関投資家等特例業務の届出者がファンド持分の勧誘を行う場合、法令（金商法40条の 3 、63条11項、金商業等府令125条）に基づき、分別管理の確保に関する規定がファンド契約に定められるのが一般的です（ファンド契約以外で定められることもあります）。また、投資運用業を行う金融商品取引業者又は適格機関投資家等特例業務の届出者がファンド資産の運用を行う場合、これらの

者に適用される金商法の義務（金商法42条の 4 、63条11項、金商
業等府令132条）と同様の内容を定める規定として、分別管理の
確保に関する規定が定められることがあります。

第 8 章

ファンド運営者インセンティブ

1 ファンド運営者へのインセンティブの重要性

　ファンドの活動はファンド運営者に委ねられており、ファンドの成否はファンド運営者が適切な努力を行ったどうかに左右されます。そして、ファンド運営者がファンドの成功によって自らもリターンを得ることができる場合には、ファンド運営者がファンドの成功のために真摯に努力することが期待できますので、適切なインセンティブを設計することが重要となります。

2 ファンド運営者の経済的リターン

(1) ファンド運営者が受け取る経済的リターンの種類

　ファンド運営者が受け取る経済的リターンは、ファンドの分配に対する権利と、ファンドから受領する報酬の2種類に分けることができます。

　ファンドの分配に対する権利については、ファンド投資家と同じ順位で分配を受領する権利と、ファンド投資家よりも多く分配を受領する権利に分けることができます。また、報酬については、ファンドの規模に応じて固定額として発生する管理報酬と投資成績に応じて発生する成功報酬の2種類が主たるものとなっています。

　このほか、ファンドに対してサービスを提供する会社（投資

顧問等）があり、当該サービス提供者に報酬等を支払う場合、当該サービス提供者もファンド運営者グループとして報酬を設計することもあります。

さらに、ファンド運営者が投資先から経済的リターンを受領することもありえますが、ファンドとの間で利益相反が生じる可能性があり、そのような経済的リターンの受領は制限される例が多くなっています。第9章5を参照してください。

⑵ ファンド運営者の報酬

a 管理報酬

管理報酬は、ファンドの日々の運営に関する対価として支払われる報酬です。一般的に、ファンドの投資成果に関わりなく、一定額又は一定割合での支払が定められます。ファンド運営者が行うファンドに関する各種業務に伴う人件費その他の固定費や各種費用は管理報酬から支出されることが想定されます。

管理報酬は、一定の料率で定められるのが一般的です。2％前後の料率が相場となっていますが、ファンドの性格や規模によって料率は異なります。

まず、ファンドの規模が大きい場合、管理報酬の料率は低くなる傾向にあります。これは、ファンドの規模が大きくなっていったとしても、人件費等の固定費や活動費などは比例して大きくなっていくものではないことを理由とします。また、管理報酬の料率は、ファンドのスタイルにも左右されます。投資1件当たりの金額が大きいファンドであれば、案件発掘や管理に

関する人件費その他のコストはそれほど大きくなりません。逆に、投資1件当たりの金額が小さいファンドであれば、コストが大きくなります。また、投資先に対する経営指導（ハンズオン）が期待されるファンドであれば、そのための人件費その他の費用がかかるため、管理報酬から支出されるべき費用が大きくなり、管理報酬の料率が高くなります。

ファンドの活動として、投資期間が終了する前は案件発掘を積極的に行う必要がありますが、投資期間終了後はその必要はなくなります。そのため、投資期間終了後においては管理報酬で賄われるべきコストが下がることとなります。その結果、投資期間終了後においては、投資期間中と比べて管理報酬の金額又は料率が下げられる例が多くなっています。投資期間終了前においては、ファンドによる投資可能性がある金額（＝出資約束金額）に一定料率を乗じた額が管理報酬とされる一方、基本的に新規投資を行わない投資期間終了後においては、投資済残高に一定料率を乗じた額が管理報酬とされるなどと定められます。

b　成功報酬

成功報酬とは、ファンドの投資成果に応じてファンド運営者に対して支払われる報酬です。ファンドの投資活動によって得られた利益のうち一定の料率がファンド運営者に対して支払われます。

成功報酬は、ファンドの投資活動によって利益が生じたときに、ファンド財産の分配のプロセス（ウォーター・フォール）

の中で支払われます。個別の投資案件ごとに成功報酬が発生しうるように定められる例や、ファンド投資家の出資額合計に相当する額を分配した後に初めて成功報酬が発生すると定められる例などがあります。詳細は後記(3)を参照してください。

(3) 分　　配

a　他のファンド投資家と同順位の分配

　ファンド運営者は、ファンドに出資をすることでファンド投資家と同順位の分配を受ける権利を得る例が多くなっており、これによりファンド投資家と利害が一致する面はあるものの、ファンド運営者の出資額が少ない場合にはファンドの成功に対するインセンティブとして十分とはいえません。

b　キャリード・インタレスト（Carried Interest）とは

　ファンド運営者に対する成功報酬の支払に代えて、ファンド持分の権利内容として、ファンド運営者に対しファンドの利益から一定割合を受領する権利が与えられることがあります。これをキャリード・インタレスト（Carried Interest）と呼びます。これは、ファンド投資家が有するファンド持分とは別の種類のファンド持分をファンド運営者が保有していることとなります（第 1 章 2 (5)参照）。

　ファンド運営者がキャリード・インタレストを受領する場合であっても出資分についてはファンド投資家と同順位の分配も受けるとする例が多くなっていますが、ファンド投資家と同順位の分配は受けないとすることも考えられます。

c ファンド投資家として受ける特別分配

キャリード・インタレストはサービスの対価ではないため、ファンド運営者以外の者が受け取るとすることも可能です。そのため、ファンド運営者の役職員などがファンド投資家としてファンドに参加し、キャリード・インタレストを受領する例も増えつつあります。詳細は第12章 6 を参照してください。

3 クローバックと担保

(1) クローバック（Clawback）とは

ファンド運営者が成功報酬又はキャリード・インタレストとして受領した金銭について、ファンドに対する返還を求められることがあります。これをクローバック（Clawback）といいます（ファンド投資家による返還についてはLPクローバックと呼ばれます。第 5 章 1 (2)参照）。

ファンドに投資収益が生じた場合、ファンド構成員に対する分配の際にファンド運営者に対して成功報酬又はキャリード・インタレストが支払われますが（第 4 章 2 (2)、(3)参照）、成功報酬又はキャリード・インタレストの支払後にファンドの投資成績が悪化した場合、ファンドの通算投資成績と比べて成功報酬又はキャリード・インタレストの払いすぎが生じることがあります。成功報酬又はキャリード・インタレストの払い方によって払いすぎの生じる可能性の高さは変わりますが、例えば、ファンド 8 年目終了時点の投資成績がプラスであったために成

功報酬を支払ったにもかかわらず、ファンド9年目で第三者に対して損害賠償を行ったことなどによりファンドの通算収益がマイナスになった場合には成功報酬の払いすぎが生じます。

(2) 返還義務の定め方

　返還義務の生じるタイミングとしては、成功報酬又はキャリード・インタレストの払いすぎが生じた時点で返還義務が生じるとする方法や、清算の段階で返還義務が生じるとする方法などがあります。ファンド投資家としては直ちに返還を求めたいところではありますが、その後の投資結果によって払いすぎが解消される可能性もありますので、直ちに返還を定めないことにも合理性はあります。

　返還方法について、現金でファンドに支払う方法のほか、ファンドから受け取る分配金と相殺するという方法もあります（返還のタイミングによっては相殺すべき分配金が生じないことがありますので、相殺の方法が使える場面は限定的ではあります）。

　返還金額は、明確に定めておく必要があります。また、ファンド運営者が受領済みの成功報酬又はキャリード・インタレストについて納税済みの場合、払いすぎの分をそのまま全額ファンドに返還したのではファンド運営者に損失が生じる可能性がありますので、この調整の要否及び調整方法を検討し、ファンド契約に定める必要があります。

　また、ファンド運営者がファンドから脱退する場合の処理も検討する必要があります。ファンド運営者の脱退後に払いすぎが判明した場合にも返還義務を負わせることはできますが、実

効性についても検討が必要となります。

⑶　返還を確保する方策

　クローバックを定めたとしても、返還義務が生じた時点でファンド運営者に資力がなければその実効性を確保することはできません。特に、ファンド運営者の事業が当該ファンドの運営だけである場合には、ファンドから受領する報酬及び分配金以外には収入がありません。そのため、返還を確保するための方策を検討する必要があります。

　具体的には、①ファンド運営者に対する報酬及び分配金の支払を留保する方法（ファンド財産として留め置く方法と無限責任組合員に分配した金銭をファンドに留保する方法があります）、②ファンド運営者が法人又は組合である場合にその株主、組合員等に分配することを制限する方法、③ファンド運営者が法人又は組合である場合にその株主、組合員等から保証を求める方法などがありますが、これらの方策が受け入れられるか否かは交渉力の強弱によります。

　ファンド運営者がファンドから脱退した後にも返還義務を負う場合、ファンド運営者の地位の譲渡であれば譲受人が返還義務も承継すると定めることも可能ですが、地位の譲渡以外の事由によってファンド運営者の交替が起きることもあるため、ファンド契約作成の時点で実効性のある方策を検討しておく必要があります。

4　ファンドによる費用負担

⑴　適切な費用負担の重要性

　ファンドの活動に伴い発生する費用をファンド運営者が負担するとした場合、その費用負担はファンド運営者のファンドの成功に対するインセンティブを阻害する可能性があります。ファンド運営者において高い費用を負担しなければならない場合、ファンド運営者は、本来であれば高いリターンを生む投資につながる可能性がある（しかし成功の保証はない）活動を差し控えるインセンティブとして働くことになります。そのため、ファンドによる適切な費用負担がファンドの成功にとって重要となります。

⑵　ファンドが負担する費用とファンド運営者が負担する費用

　ファンドの運営に関する費用は基本的にファンドが負担すべきと考えられますが、ファンド運営者には管理報酬が支払われるため、ファンド運営に関する基本コストは管理報酬の中から賄われるべきとも考えられます。

　管理報酬は設定せず、費用のすべてをファンドで支払うという方法も考えうるところではありますが、ファンド運営者が別ファンドの運営を行っている場合やファンド運営以外の事業を行っている場合もありますし、役員報酬など自己のための費用かファンドのための費用か区別が難しいものもありますので、

あまり現実的ではありません。また、すべてを管理報酬で賄うという方法も考えられますが、ファンド運営者が必要な支出を避ける方向でインセンティブが働く可能性があり望ましくないと考えられます。

　ファンドが負担する費用とファンド運営者が負担する費用について、ファンド契約に定めることが必要となりますが、ファンド運営者の活動に対するインセンティブの面からは、ファンドが負担する費用の範囲を限定しすぎるのは好ましくないと考えられます。

⑶　バスケット条項

　ファンドの負担すべき費用は、ファンド契約に具体的に記載すべきことが望ましいため、項目として列挙されるのが一般的ですが、最後にバスケット条項として「その他ファンド活動に関連する費用」という項目が追加されることがあります。このような項目が存在すれば、ファンドにおいて負担すべき費用について、列挙したものから漏れていたとしても、ファンドにおける負担となります。

　ファンド運営者としてはこのようなバスケット条項を追加することが望ましいものの、ファンド投資家の立場からするとファンドの費用負担が増える可能性があり、バスケット条項は望ましくない規定となります。

　ファンドの投資活動は、投資先を探索する局面、投資を実行する局面、投資実行後に投資先のバリューアップを行う局面、エグジットの局面でそれぞれ非定型的な活動が必要になる可能

性が高く、予想外の費用負担が生じる可能性もあります。そのため、ファンド運営者の活動に対するインセンティブの観点や、不適切な費用がファンド負担とされた場合にはファンド運営者の善管注意義務違反による責任追及が可能であることも踏まえて、バスケット条項を設けることがファンド全体にとって好ましいものと考えられます。

5 補　償

(1) 補償の必要性

　ファンドに関する活動から生じた費用や責任はファンドにおいて負担すべきものです。しかし、実際には、ファンドではなく、ファンド運営者やその役職員に対する請求が行われることがあります。ファンド運営者やその役職員がこのような責任を負わなければならない場合、ファンド運営者の活動を萎縮させ、責任が生じるような活動は極力避けるというインセンティブが働きます。このようなインセンティブをなくすためには、ファンドに代わって費用や責任を負担した者に対してファンドから適切に補償することが必要であり、ファンド契約では補償に関する規定が設けられます。

(2) 補償対象者

　ファンド運営者やその役職員は、ファンドのための活動を行う中で第三者に対する損害賠償責任を負うことがあります。ま

た、必要に応じてファンドのために立替払をすることも想定されます。そのため、ファンド運営者やその役職員が補償の対象とされます。このほか、ファンド運営者の関連会社がファンドの運営に関与する場合、当該関連会社やその役職員も補償対象とされます。加えて、諮問委員（第10章6参照）についても、ファンドのために活動することから、補償対象とされるのが一般的です。

⑶　補償の範囲

ファンド契約に補償の範囲を明記する必要があります。基本的に、損失や費用負担など一切の負担を補償することとされます。また、補償の原因となった事項について調査する費用、請求や訴訟等に対して防御するための弁護士費用その他の費用も補償の対象とされる例もあります。もっとも、和解金については裁量の幅が広いことからファンド運営者による承諾など一定の歯止めが定められることもあります。

このように補償の範囲は広く定められますが、因果関係がある範囲に限られますので、無制限ではありません。

⑷　損害賠償責任

補償対象となるもののうち、損害賠償責任については、基本的に当該者に故意又は過失があるからこそ認められるものであるため、当該者の負担とすべきとの考え方もありうるところです。もっとも、軽過失の場合にまで免責されないとするのでは、ファンドのための活動を行う際のリスクが高くなり、リス

クを避けるインセンティブが働いてしまいます。そのため、損害賠償責任の発生原因について被補償者の悪質性が低い場合には、ファンドにてその個人的責任を補償するとされるのが一般的です。

他方、被補償者の悪質性が高い場合には、前記のような懸念はなく、補償を認めるメリットに乏しいため、補償が認められないとされる例が一般的です。なお、"被補償者の悪質性が高い場合"として、国内ファンドでは悪意重過失の有無が問題とされる例が多く、海外ファンドでは非違行為（Cause）の有無が問題とされる例が多くなっています。また、被補償者間での紛争については除外する例もあります。

⑸　ファンド運営者による請求対応

被補償者がファンドに関連して第三者から請求を受けた場合、被補償者の負担は基本的にファンドからの補償対象となるため、請求があった段階からファンド運営者によって対応されることが望ましいと考えられます。そのため、被補償者がこのような請求を受けた場合、被補償者は遅滞なくファンド運営者に通知し、以後はファンド運営者が対応すると定められる例があります。

⑹　分配の返還

補償義務を果たすためにはファンドに資産が必要となりますが、ファンドに手元資金がない場合があります。その場合、ファンド投資家に対して出資を求め、又は分配の返還を求める

ことが必要となります。

　キャピタル・コールは出資約束金額の上限があるため、これだけでは補償義務を果たすのに十分ではない可能性があります。そのため、ファンド投資家からの分配の返還が必要となります。分配の返還については第5章1⑵を参照してください。

第 9 章

利益相反

1　利益相反取引を規律する重要性

　第8章のとおり、ファンド運営者に対するインセンティブが
ファンドの成功のための重要な要素となりますが、ファンド運
営者の得る経済的リターンによりインセンティブを適切に設定
し、費用及び補償によってそのインセンティブが阻害されない
ようにしたとしても、ファンド運営者に利益相反が存在する場
合にはそのインセンティブ設計も無意味になります。ファンド
から得られるリターンよりもファンドを害して得られるリター
ンが大きい場合、ファンドを害する行為を行い自らの利益を得
るインセンティブが働いてしまうため、利益相反を規律するこ
とが非常に重要になります。なお、現物分配の際の評価額の決
定についても利益相反が問題となります。詳細は第4章4(3)を
参照してください。

2　善管注意義務による一般的な制限

　ファンド運営者は、ファンド投資家の資産を預かって運用す
る者であるため、ファンド投資家に対する善管注意義務を負い
ます。このファンド投資家に対する義務は、信認義務や忠実義
務と呼ばれることもあり、その意義について理論上は十分に明
らかではありませんが、実務的にはファンド運営者はファンド
投資家の利益を最優先に真摯に業務を行うことが求められると
の捉え方でよいと思われます。

この善管注意義務により、ファンド運営者は、自己やその関係者とファンドとの間で行われる取引において、自らやその関係者を優遇することはできません。もっとも、ファンド運営者が自己やその関係者を優遇しているか否かの判定は容易ではないため、ファンド契約において利益相反取引に関する具体的なルールが定められることが一般的です。

3 一定の関係者との取引の制限

⑴ ファンド運営者又はその役員とファンドとの取引の制限

ファンド運営者はファンドのために取引を行う立場にありますので、ファンドのために自己との取引を行うこと又はファンドの資産を自己への投資に充てることは自己取引となります。自己の運営する他のファンドとの取引又は自己の運営する他のファンドへの投資も同様です。投資運用業を行う金融商品取引業者又は適格機関投資家等特例業務の届出者がファンド資産の運用を行う場合、これらの者には金商法上の利益相反取引の制限が課され、自己取引（ファンド運営者の取締役及び執行役との取引を含む）や運用財産相互間の取引が制限されています（金商法42条の2第1号、2号）。そのため、ファンド契約において金商法の義務と同様の内容を定める規定や、金商法の義務の緩和を受けるための規定を設けることがあります。また、金商法の制限がない場合であっても、これらの取引についてファンド契約に制限が定められるのが一般的です。

⑵ ファンド運営者の関係者とファンドとの取引の制限

　利益相反取引として、前記の取引に加え、ファンド運営者の親会社等の関連会社や従業員といった関係者との取引やこれらの者の運営するファンドとの取引についても制限の対象とされることが多くなっています。また、ファンド運営者の関係者又はその役職員が投資し、又は役員を務める会社に対してファンドが投資することも、当該会社の救済などに使われる可能性もあることから、ファンド契約において制限されることがあります。どの範囲を関係者とするかはファンド契約によって異なり、広い場合には一定の範囲の親族も対象とされます。

　なお、ファンド運営者の役職員がファンドの投資先の取締役等に就任する場合も想定されるのであれば、当該投資先との取引が禁止されてしまうことを防ぐため、この場合には関係者に含まれない旨をファンド契約に定めておく必要があると考えられます。

⑶ 制限の内容

　利益相反取引については、独立当事者間の取引条件と同等以上であれば許容するという例もありますが、原則として禁止しつつも、ファンド投資家の多数決や諮問委員会（第10章 6 参照）の承認がある場合には許容されると定められる例が多くなっています。また、ファンド投資家の多数決や諮問委員会による承認を求めるのは重要なものに限定し、軽微なものについては独立当事者間取引と同等以上の条件であれば許容するとする例

や、ファンド投資家には意見申述権のみが与えられるとする例
もあります。

4　投資機会の配分

⑴　ファンド運営者の関係者との投資機会の配分

　ファンド運営者若しくはその役職員又はファンド運営者の関
連会社若しくはその役職員が自ら投資活動を行うこと又は別の
ファンドを運営することを認める場合、投資対象が重複するの
であれば利益相反が問題となります。ファンドが利益を獲得で
きる可能性があるにもかかわらず、ファンド運営者は自ら又は
関係者の利益を優先し、投資機会をこれらの者に配分してしま
う可能性があります。そもそも投資対象が重複することがなけ
れば投資機会の配分に関する利益相反は問題となりませんが、
利益相反が懸念される場合には、ファンド契約においてファン
ド運営者の得た投資機会はファンドにて優先的に検討すると
いった規定を含めるか検討することが望ましいと考えられま
す。

⑵　共同投資

　ファンドが投資機会の一部を第三者に提供して共同投資を行
うことが必要又は望ましい場合があります。例えば、ファンド
の投資制限やファンドのサイズによる投資金額の制約によって
投資機会に対して必要な資金を拠出できない場合（例えば50億

円の投資機会に対してファンドでは20億円しか拠出できない場合)などには、共同投資家が必要になります。また、ファンド投資家による共同投資を認めることで、共同投資を期待してファンドに参加する投資家を獲得することができ、共同投資を認めることがファンド構成員全体の利益になる場合もあります。

　共同投資の機会の付与を認めるに際しては、ファンド運営者がそれによって利益を得る可能性があるか、利益相反が生じる可能性はないかを検討して対象者の範囲や配分ルールを決定する必要があります。特に、ファンド運営者やその関係者(ファンド運営者が運営する他のファンドも含みます)に対して共同投資の機会を与える場合には、利益相反が問題となります。

　そして、共同投資を行う条件として、ファンドやファンド投資家に不利にならないような規定が置かれる例が多くなっています。経済条件については、ファンドによる投資と共同投資とが同じ経済条件であることが求められることが多く、共同投資に関して生じる費用や手数料の負担についてもファンド契約に規定が設けられることがあります。

　ファンド運営者が共同投資を目的とするファンドを組成する場合、当該共同投資ファンドの運営者としての出資(セームボート出資)が必要となることがあるため、ファンド運営者に共同投資の機会を与えないアレンジをしていたとしても、この範囲での投資を認めることがあります。共同投資ファンドについては第12章 3 ⑵を参照してください。

5　投資先からのフィーの受領

⑴　ファンド活動に関連してファンド運営者が受領する報酬は誰が取得するか

　ファンドの活動に関連して、ファンド運営者やその関係者が報酬を受領することがあります。例えば、ファンド運営者は、ファンドの資金を投資した後のバリューアップ活動として投資先に対して人材を派遣したり、コンサルティングその他のサービスを提供したりしますが、これに伴ってファンド運営者やその関係者が報酬を得ることがあります。

　この報酬等について、ファンドが取得するか、ファンド運営者が取得するかについて、ファンド契約にルールを定めておく必要があります。

　これらの人材派遣やサービスの提供はファンド運営者が行う本来的な業務であると考えた場合、これに対する報酬等はファンドで受領すべきこととなります。特に、ハンズオンで投資先の企業価値を高めることを目的とするファンドでは、ファンド運営者自身による投資先へのコンサルティング等の提供はファンド運営者としての本来的活動であるといえるため、ファンド運営者がコンサルティング等の報酬を取得するのは報酬の二重取りになるといえる面があります。また、ファンド運営者が投資先の企業価値向上の成果をファンド外で先取りすることができてしまうという意味で利益相反の問題もあります。

他方、これらの人材派遣やサービス提供が他の会社によって提供される場合には、当然に当該会社に対して報酬が支払われるべきものであるため、報酬の二重取りにはならないと考えることもできます。むしろ、ファンド運営者又はその関係者によるこれらのサービスの提供は、第三者に委託する場合に発生する意思疎通に関するリスク及びコストがないため、投資先の企業価値の向上にとって有意義であると評価することもでき、ファンドにとってむしろ望ましい面もあります。このように、ファンドに帰属させるべきという考え方と、ファンド運営者に帰属させるべきという考え方には、どちらにも合理性があるため、ファンド契約の交渉では、1つの重要な交渉ポイントとなります。

⑵　ファンドに帰属させる方法（管理報酬の減額）

　ファンド運営者やその関係者が受領する報酬等について、ファンドに帰属させるべきとする場合でも、実際の受領者はファンド運営者又はその関係者ですので、その処理が問題となります。受領したサービス報酬等をそのままファンドに交付するという方法もありますが、管理報酬から控除するという処理がなされることが一般的です。これは、管理報酬減殺又は管理報酬控除と呼ばれます。

　ファンドがサービス報酬等を全額受領すべき場合には、ファンド運営者が受領したサービス報酬等の100％が管理報酬から控除されます。サービス報酬等をファンドとファンド運営者とで分け合う場合には、控除率で調整します。例えば、半分ずつ

分け合う場合には、控除率を50％とします。

　控除のタイミングは、ファンド運営者が実際にサービス報酬等を受領した後になります。管理報酬を減額したとしても足りない場合、通常は繰り越されることとなりますが、最後の管理報酬の支払を控除したとしても不足する場合の取扱いをどうするかも検討する必要があります。

⑶　控除対象となるサービス報酬等

　控除対象となるサービス報酬等は、ファンド契約によって異なりますが、典型的なものとしては、以下のとおりです。

　まず、投資先からファンド運営者やその関係者に支払われるコンサルティング報酬やアドバイザリー報酬、モニタリング報酬などについては、減額対象とされることが一般的です。

　また、ファンドの投資活動に際してファンド運営者又はその関係者が得る報酬についても減額の対象とされます。一度合意したM&Aについて解約手数料（ディール・ブレークアップ・フィー）を支払うことで解除することができるという合意がなされることがありますが、この解約手数料は控除対象とされることが一般的です。そのほか、コミットメント手数料、シンジケート化手数料など、ファンドの投資活動（投資有価証券の取得、投資処分など）に関連してファンド運営者又はその関係者に支払われた手数料も控除対象とされます。

　ファンド運営者から投資先に派遣された役職員に関して当該役職員が受領する報酬やファンド運営者が受領する出向負担金については、想定される派遣の状況に応じて控除対象とするか

否かを検討すべきと考えられます。具体的には、ファンドによるガバナンスの一環として取締役が派遣されているような場合には控除対象とすることが適切と考えられる一方、本来投資先にて独自に人材を獲得すべきところをファンド運営者の役職員派遣によりカバーするような状況であれば、控除対象とする必要性に乏しいと考えられます。

　控除対象となるサービス報酬等の項目ごとに、異なる減額率が設定されることもあります。

⑷　サービス報酬等に関連する費用及び租税の負担

　ファンド運営者又はその関係者が取得した報酬等がファンドに帰属するとした場合、その発生原因となった活動に関連して発生した費用についてもファンドに帰属させるべきと考えられます。ファンド契約を作成する場合には、ファンド運営者としてはこの費用だけを負担すべきこととならないか確認することが望ましいと考えられます。また、同様に、ファンド運営者やその関係者が報酬等を一度受領する際に租税を負担することがありますので、その処理をファンド契約に定めることも考えられます。

第 10 章

ファンド投資家によるガバナンス

1 ファンド運営者とファンド投資家のそれぞれの役割

ファンド運営者は、ファンド資産の運用その他ファンドの業務全般を担当します。ファンド資産の売買はもちろんのこと、ファンド資産に含まれる株式に関して議決権を行使するほか、ハンズオン投資型のファンドであれば投資先に対する指導も行います。また、ファンド投資家の追加加入・追加出資の対応や、ファンド投資家に対するファンド財産の分配なども行います。バックオフィス業務として、財務諸表等の作成やファンド投資家に対する報告も行います。

これに対して、ファンド投資家の役割はかなり限定的なものとなります。ファンド投資家は基本的にファンド業務に関与しません。ファンド投資家の権限は、後記2以降にあるような重要なものに限られており、ファンド期間が限定されていることもあって、株式会社における株主と比べても限定的な権限とされるのが一般的です。

ファンド投資家がファンド業務に積極的に関与する場合、ファンド運営者とみなされ無限責任を負う可能性があります。例えば、投資事業有限責任組合であれば、投資事業有限責任組合契約法9条3項は「有限責任組合員に組合の業務を執行する権限を有する組合員であると誤認させるような行為があった場合には、……当該有限責任組合員は、その誤認に基づき組合と取引をした者に対し無限責任組合員と同一の責任を負う」と定めています。投資事業有限責任組合契約法9条3項は「誤認さ

せるような行為」を問題としていますが、事実認定の問題として無限責任組合員であると認定される可能性も皆無ではなく、対外的な「誤認させるような行為」以外の事情にも注意を払う必要があります。なお、ファンド投資家のファンド運営者に対する検査権といったファンドの業務執行とは別の権利行使は有限責任性を損なわないと考えられるため、このような権利については比較的自由な権限設定が認められます。

2 ファンド投資家による同意・承諾、意見申述・助言

(1) 同意・承認事項

　ファンドの運営は基本的にファンド運営者によって行われますが、ファンドに関する重要な事項については、ファンド運営者に与えられた裁量の範囲外として、ファンド投資家の同意又は承認が必要とされます。

　ファンド投資家にどの範囲で同意・承認権を与えるかはファンド契約次第ですが、ファンド投資家にはファンドの業務執行権がないため、ファンド投資家の同意・承認権は、ファンドの枠組みに関連する部分又はファンド内部の取決めに関する部分といった業務執行に該当しない部分に限られます。

　ファンド投資家の多数決による同意・承認が定められる事項として主に以下のようなものがあります。

・ファンドの存続期間の延長
・キーパーソン条項発動による出資約束期間の中断解除

- 後任のキーパーソンの選任
- 出資約束金額の減額請求
- 組合員集会の招集
- ファンド運営者による利益相反取引等の承認
- 市場性のある有価証券によらない現物分配の承認
- 出資約束金額の上限額の増加承認
- ファンド投資家の除名
- ファンド運営者の除名
- ファンドの解散
- 清算人の選任
- ファンド契約の変更

　これ以外であっても、ファンドの枠組みに関連する部分又はファンド内部の取決めに関する部分についてファンド投資家の多数決による同意・承認を定めることができます。例えば、ファンド運営者による業務の外部委託の承認、現物分配の分配時評価額の承認、投資委員会規程の改訂、ファンド運営者が投資先から報酬等を受領することの承認、存続期間延長後の管理報酬額の決定、清算人の報酬額の決定といった事項についてファンド投資家の多数決による同意・承認を必要とすることがあります。

⑵　多数決の方法

　ファンド投資家の多数決による承認等が必要となる場合、ファンド運営者が各ファンド投資家から必要な承認を集めます。株式会社における株主総会と異なり、ファンド投資家の意

思結集のために集会が開かれることはまれです。

　ファンド運営者からの意思確認通知に対して返答しなかったファンド投資家がいる場合について、ファンド契約上"みなし賛成"を定めることもできますが（投信法93条1項参照）、そのような規定が設けられる例は多くありません。

　なお、出資義務を怠ったファンド投資家（不履行有限責任組合員）については、議決権を行使できないとされる例が一般的です。

　ファンド投資家がファンド運営者の関連者（例えばファンド運営者の役職員や株主など）の場合、多数決においてファンド運営者の関連者を排除することがあります。ファンド運営者の関連者は純粋なファンド投資家としての立場とは違うことから他のファンド投資家と異なる取扱いを行う理由もありますが、ファンド投資家としての地位を有することは間違いないので、ファンドの関連者であることを理由に特別な取扱いを行う必要があるかは決定の内容に応じて個別に検討すべきと考えられます。

⑶　意見申述・助言

　ファンド契約では、ファンド投資家がファンド運営者の活動について意見を述べることができる旨が定められることがあります。ただし、投資判断はファンド運営者が行うため、ファンド投資家の意見が拘束力を持つことはないのが通例です。

3　ファンド投資家による重要事項の決定

　ファンド運営者の行為を前提とせず、ファンド投資家のみにより重要事項が決定できる場合もあります。

　まずは、ファンド運営者が不在になった場合、ファンド投資家は後任のファンド運営者を選任することができるとされる例が多くなっています。このような規定がない場合、契約変更ができない限り、ファンドは解散することとなります。

　次に、ファンド投資家のみでファンドの解散を決定できる場合やファンド運営者の解任を決定できる場合があります。ファンド運営者がファンドの解散を望まない場合やファンド運営者がファンドからの脱退を希望しない場合であってもこれらの事項を決定できる点ではファンド投資家に望ましいものの、自らは反対する場合にもファンドの根本が覆る結果が生じうるため、このような規定を定めるべきか慎重な検討が必要となります。

4　ファンドに関する情報

⑴　ファンドに関する情報取得の重要性

　ファンドの運営はファンド運営者に委ねられていますので、ファンド投資家としてファンドの運営が適切に行われているか否かを確認するためには、ファンドに関する情報を取得するこ

とが必要になります。この情報を取得することで、ファンドの重要事項に関する同意・承認の意思決定を行うことができるほか、ファンド運営者の解任や任務懈怠に対する権利行使も可能になります。

もっとも、ファンドの投資活動はファンド運営者に委ねられていますので、個別の投資又は投資処分については、これに関する情報提供があったとしても、善管注意義務に反するような任務懈怠がある場合を除き、ファンド投資家はファンドの運営に対する何かしらの具体的アクションを取りうるものではありません（意見を述べる機会が与えられることはあります）。

(2) 財務諸表等の受領権

ファンド投資家には、ファンドに関する情報を受領する権利が与えられます。年次の財務諸表がファンド運営者によって作成され、これがファンド投資家に送付されます。財務諸表については監査が必要とされることが一般的で、投資事業有限責任組合であれば公認会計士（外国公認会計士を含む）又は監査法人の意見書（業務報告書及びその附属明細書については、会計に関する部分に限る）が必要とされます（投資事業有限責任組合契約法8条2項）。投資事業有限責任組合契約法は、備え置きの義務及びファンド投資家の閲覧謄写権のみを定めており、ファンド投資家への送付までは義務としていませんが、監査済みの財務諸表等のファンド投資家への送付が定められるのが一般的です。

財務諸表等の送付の際には、財務諸表等に加えて一定の情報

が提供されるのが一般的です。提供される情報はファンドによって異なりますが、投資活動の状況や投資対象事業者の現況を記載した報告書が送付されることが多くなっています。この報告書には、経済状況への見通し等の情報が含まれることもあります。

なお、年次のほか、半期又は四半期ごとのレポートの作成・送付が必要とされる例が多くなっています。半期又は四半期の財務諸表等について監査が必要とされるかはファンドごとに異なります。投資事業有限責任組合の場合、法律上監査が必要とされているのは年次の財務諸表等のみですので、半期や四半期の財務諸表等について監査又はレビューを求めるのであればファンド契約にその旨を明記する必要があります。

ファンド投資家としては、ファンド運営者から提供される情報が自らの目的上十分であるかを確認する必要があります。経理上の目的や税務申告のために必要な情報が不足している場合には、ファンド契約への追加を求めるか、又はサイドレターにおいて情報提供義務を定める必要があります。

⑶ 会計帳簿等の閲覧謄写権

ファンド投資家に会計帳簿等の閲覧謄写権が与えられることがあります。ファンド運営者から送付される財務諸表等の正確性を確認する手段として重要なものと考えられますが、ファンド運営者の過度な負担とならないよう、事前通知が必要とされ、営業時間内という時間制限が課されるのが一般的です。

⑷ 調査権・質問権

　ファンド運営が適切に行われているかを確認するため、ファンド投資家には、ファンドの運営についての調査又は質問を行う権利が与えられるのが一般的です。投資事業有限責任組合の場合には、契約書に明記しなくても業務及び財産状況に関する検査権が認められますが（投資事業有限責任組合契約法16条、民法673条）、手続等も含めてファンド契約に規定することが多くなっています。ファンド運営者にとっては負担となりますが、ファンド運営の適切性を確認する手段としては重要な権利です。調査に際して発生する費用はファンド投資家の負担とされるものの、不正等が発見された場合にはファンドやファンド運営者の負担とするという例が多くなっています。

5　投資委員会（Investment Committee）

⑴ 設置の目的

　ファンド資産の運用に関する決議を行う会議体として、投資委員会（Investment Committee）が設置されることがあります。本来、ファンド資産の運用に関する判断はファンド運営者に委ねられており、ファンド運営者が自身の内部意思決定方法に従って行えば足りるのですが、ファンド運営者の投資判断に際して外部の者からの客観的な意見を得る目的、ファンド運営者の投資判断に対するチェックを働かせる目的、ファンド運営

者のうち重要な役職員による関与を確保する目的などにより投資委員会が設置されることがあります。

(2) 設置方法

投資委員会の設置方法として一般的なものはなく、ファンド契約上の機関として投資委員会が定められる場合もあれば、あくまでもファンド運営者の意思決定プロセスの一環として位置づけ、ファンド契約上は規定が設けられない場合もあります。

ファンド契約に定められない場合、投資委員会の設置・運営に関してはファンド運営者に委ねられることになり、ファンド投資家としては権利を持たないこととなります。そのため、ファンド運営者において投資委員会の運営を変更したとしても、ファンド投資家はそれに対して義務違反を主張することはできません。ファンドの募集資料等で投資委員会の設置が約束されていたとしても、ファンド契約に明記されないことがありますので、投資委員会の設置・運営に関してファンド運営者の義務としたい場合にはファンド契約に規定が置かれているかを確認する必要があります。

(3) 役　　割

投資委員会に与えられる役割として一般的なものはなく、ファンドごとに異なります。例えば、投資委員会が最終的な承認を行うケースや、助言だけにとどまるケースがあります。投資委員会が最終的な承認を行うことを確保したい場合には、ファンド契約には投資委員会の承認がなければ投資できないと

定められます。投資委員会が承認を行うケースの中でも、ファ
ンド運営者による投資又は投資処分に関する実質的な意思決定
がすべて済んだ後に最終的な確認を行う場合や、投資案件に関
する権限がすべて投資委員会に与えられている場合があります。

⑷ 投資委員の選任

どのような者が投資委員に選任されるかは、投資委員会の役
割によって異なります。例えば、投資委員会に投資又は投資処
分に関する最終判断を期待するのであれば、最終判断を行うの
にふさわしい人物が投資委員に選ばれます（ファンド運営者の
重要な役職員の場合と知識・経験を有する外部者の場合とがありえ
ます）。また、投資委員会に期待される役割が外部の者からの
客観的な意見を得ることにあれば、ファンド運営者と利害関係
のない人物が投資委員として選ばれます。

投資委員の選任について、ファンド契約上のルールとしたい
場合には、投資委員の選任に関する規定を設けることとなりま
す。また、投資委員の役割が重要であれば、投資委員を務める
者をキーパーソンとすることも考えられます。

なお、投資委員会の役割次第ですが、ファンド運営者の外部
の者が関与する場合には、投資一任や投資助言などの規制法上
の許認可（金商法の下では投資運用業又は投資助言・代理業を行
う金融商品取引業者としての登録）が必要となる可能性があるた
め、注意が必要です。

6 諮問委員会（Advisory Board）

⑴ 設置は任意

　ファンドの機関として諮問委員会（Advisory Board）が設置されることがあります。日本においては、諮問委員会について法令等の規定はなく、あくまでもファンド契約で定められるものです。諮問委員会の設置は義務ではありません。

⑵ 諮問委員の選任

　諮問委員の人数や選任方法については、ファンド契約で定めることになります。基本的にファンド投資家の中から選ばれ、大口のファンド投資家が諮問委員として選任されることが多くなっています。金額以外でも重要なファンド投資家が存在する可能性があるため、ファンド運営者はファンド投資家の中から任意の者を選任できると規定されることも多くなっています。ファンド投資家以外の者を諮問委員として選任できると規定することも可能です。

　諮問委員について任期を定めることもできますが、任期を定めておく必要性もないことから、定めないことが一般的です。ただし、諮問委員に権利濫用的な行為や秩序を乱す行為がある場合、予想外の事態が発生する場合などに備え、ファンド運営者による解任を定めることがあります。また、就任の拒否を認める例もあります。

⑶ 諮問委員会の役割

　諮問委員会の役割としては、利益相反取引に対する承認が主たるものとなります。このほか、ファンド運営者から意見を求められた事項の承認や意見陳述も諮問委員会の役割とされることが多く見受けられます。

　ファンドの重要事項の決定について、ファンド投資家による同意・承認の代わりに諮問委員会による承認を要件とすることもあります。

⑷ 決議要件

　決議要件は、ファンド契約によって自由に定めることができ、定足数を設けた上で出席者の中で決議することも、定足数は設けずに諮問委員会の委員全員で決議することもできます。全会一致とすることも多数決とすることもできます。なお、多数決の際には出資金額ではなく頭数で計算することが一般的です。

7　組合員集会

　ファンド構成員による総会が開催されることがあり、組合員集会などと呼ばれます。ファンドの運営はファンド運営者に任されており、組合員集会を開催する必要はありませんが、ファンド運営者がファンド投資家に対してファンドの活動の報告を行うとともにファンド投資家からの意見を聴く場として組合員

集会を開催する例が多くなっています。組合員集会の開催頻度について、年次で行うファンドもありますが、ファンド投資家からの求めに応じて随時行われるとするファンドもあります。

　組合員集会は、株主総会と異なり、意思決定を行う場として利用されないのが一般的です。ファンド構成員の多数決による同意・承認が必要な場合には個別に承諾を得るという対応がなされます。そのため、組合員集会は、あくまでもファンド運営者による報告及びファンド投資家からの意見申述の場となり、運営方法はあまり厳密なものではなく、ファンド契約において比較的簡単な規定が設けられるだけであることが一般的です。

第 11 章

ファンドの変更

1 追加加入

⑴ 追加加入・追加出資を認める必要性

　ファンドに対して投資家が加入することをクロージングといいますが、クロージングは1回だけでなく、複数回行われることが多くなっています。ファンド運営者としては早期にファンドを立ち上げて投資活動を開始したい一方で、投資家サイドとしては意思決定に時間がかかる等すぐにファンドに参加できない事情があることもあり、複数回のクロージングが好まれます。また、ファンド運営者側としては、特定の投資家がファンドに加入済みであることをセールスポイントとして更なる投資家を募集するという要請もあります。初回のクロージングは当初クロージング（First Closing）、2回目以降のクロージングは追加クロージング（Subsequent Closing）などと呼ばれます。

　追加クロージングについては、ファンドに対する新規投資家の参加を認める場合のほか、既存投資家による追加出資（出資約束金額の増額）を認めることが一般的です。

⑵ 追加クロージングにおける出資

　新規加入投資家（出資約束金額を増額した既存のファンド投資家を含みます。以下同じ）は、加入後すぐに、既存の各ファンド投資家の出資額に合わせた金額をファンドに対して出資することが求められるのが一般的です。例えば、既存の各ファンド

投資家が出資約束金額の20％を出資済みである場合、新規加入投資家は出資約束金額の20％の出資が求められます（ただし、新規加入投資家が出資した金銭をすぐに全ファンド構成員に分配することになる場合（後記⑸参照）、新規加入投資家に分配される分について振り込みの手間を省くためにあらかじめ出資の額を減らす規定が定められることがあります）。

　一方、追加クロージング時に既にファンドによる投資処分が行われている場合については、既存のファンド投資家について損益が実現しており、既存の各ファンド投資家の出資済割合に合わせて出資を行わせることは公平でないことから、必要な調整を認める規定が設けられることがあります。

⑶　既存のファンド投資家との権利の調整

　追加クロージングを認める場合、既存のファンド投資家と新規加入投資家との間での利害調整が必要となります。

　まず、投資済みの投資有価証券等に対して新規加入投資家がどのような権利を持つか検討する必要がありますが、処理の簡便さ等から新規加入投資家も当初クロージング日から加入していたとみなす例が多くなっています。この場合、新規加入投資家は、既存のファンド投資家のリスクによってなされた投資に遅れて参加することになるため、金利相当の手数料の支払義務を負うとされるのが一般的です。なお、この手数料は、出資約束金額の枠外で支払われることとされ、ファンド運営者の収入となるのではなく、ファンド構成員に帰属するものとされるのが一般的です。

また、新規加入投資家を当初クロージング日から加入していたとみなす場合、ファンド運営者がそれについても管理報酬を得ることができるとするのが一般的ですが、別の取扱いを定めることも可能です。

　投資有価証券等の処分があった場合のファンド構成員間での権利処理は難しいため、通常は、追加クロージングが認められる期限を当初クロージング日から１年以内とする等、新規・追加出資の前に投資有価証券等の処分が生じないように設定します。

⑷　追加加入・追加出資の制限

　前記⑶のとおり、追加クロージングには期間制限が設けられることが一般的です。これは、新規・追加出資の前に投資有価証券等の処分が生じることを避ける目的のほか、いつまでもファンドのサイズが最終確定しないことや各ファンド投資家のファンドに対する出資割合が確定しないことを避ける目的もあります。

　また、ファンドのサイズ（出資約束金額の総額）がどれくらいの規模であるかは投資家がファンドに参加するか否かの意思決定にとって重要な要素である（例えば、ファンドのサイズが投資目的やファンド運営者の体制に適合しているか、出資割合が投資家の想定するものとなるか等）ことから、出資約束金額の総額の上限がファンド契約に定められることが多くなっており、これを超える場合には追加加入・追加出資は制限されます。ただし、この上限については、ファンド構成員の一定割合の賛成に

よって増額ができると定められている例も多くなっています。

　追加加入・追加出資に当たっては、加入契約の締結が求められることが多く、その場合、ファンド運営者は既存のファンド投資家を代表して契約できることがファンド契約に定められます。

⑸　追加クロージングにおいて出資された金銭の取扱い

　新規加入投資家によって出資された金銭は、使途があって出資されたものではありません。そのため、既存のファンド投資家に払戻しを行うとの規定が設けられることがあります。もっとも、すぐに資金を必要とする状況が発生することもありうるため、ファンド運営者に裁量を認め、資金をファンドに留め置くことを認めることもあります。

2　出資約束金額の減額

⑴　出資約束金額減額の必要性

　ファンドに対する出資は、あらかじめ一定の金額の出資を約束しつつ、キャピタル・コールがあるごとに出資を行うというキャピタル・コール方式が採用されていることが一般的ですが、ファンドとしてキャピタル・コールを行う可能性がなくなった場合にまで出資義務を負い続けることは合理的ではないため、出資約束金額の減額に関する規定が置かれることがあります。

⑵ 出資約束金額減額の要件と手続

　出資約束金額の減額について、出資約束金額の未使用がその条件として定められるのが一般的です。ファンド組成から一定期間が経過した後に出資約束金額の使用率が一定の割合に満たない場合には、出資約束金額の減額のメカニズムが発動すると規定されます。出資約束金額を実際に減額するかどうかについては、自動的に減額がされるという定め方も可能ではありますが、ファンド運営者が減額すべき金額を決定の上でファンド投資家の意見を聴く手続が設けられることが一般的です。

⑶ 出資約束金額減額後の処理

　出資約束金額が実際に減額された場合、その後の処理についてもファンド契約で定める必要があります。出資約束金額は多くのファンドで管理報酬の計算のベースとなっていますので、どの時点から管理報酬を減額するかも含めて検討の上で定めることとなります。

　また、減額すべき金額の決定について、投資予定額や今後発生する報酬・費用等を勘案して決定すべきと定められることが一般的ですが、減額後の出資約束金額総額を出資履行金額総額よりも低い金額とすることを認めることも可能です。減額後の出資約束金額総額が出資履行金額総額よりも低い金額となる場合には、出資履行金額の返金が必要となり、ファンドに資金がない場合には投資有価証券の処分等による現金化が必要となる点に注意が必要です。

　パラレル・ファンド（第12章3⑴参照）が存在する場合、各パラレル・ファンドそれぞれで別に出資約束金額の減額を認めると減額後の処理が複雑となるため、パラレル・ファンドも一体として出資約束金額の減額をする規定を置くのが一般的です。

3　地位譲渡・地位の承継

⑴　地位譲渡の原則禁止

　ファンドは限られた人数で構成される組織であり、多くの場合、どのような者がファンド投資家であるかはファンド全体にとって重要な問題となります。そのため、ファンド構成員による地位の譲渡は原則として禁止されます。

⑵　ファンド投資家の地位譲渡

a　地位譲渡が認められる場合

　前記のとおりファンド構成員による地位譲渡は原則として禁止されていますが、ファンド運営者の同意がある場合には地位譲渡が認められるとする例が一般的です。また、ファンド投資家に対する譲渡については比較的緩やかに認める例も見受けられます。

　ファンド投資家は基本的に受動的な立場にあり、その地位を譲渡したとしてもファンドに対する影響はそれほど大きくないため、地位の譲渡が認められやすい立場にあります。また、地

位の譲渡可能性を認めるほうが一切譲渡できないとするよりも
ファンド投資家のファンドからの退出可能性が存在することか
らファンドに参加しやすくなり、ファンド全体としてもメリッ
トがあります。そのため、合理的理由がない限りファンド運営
者は地位譲渡の承諾を拒否しないという規定が置かれることも
あります。

　ファンド投資家としての地位の譲渡を認める場合であって
も、ファンド投資家としての地位を口数単位で定めているファ
ンドにおいては、１口を分割するような地位譲渡は認められま
せん。

b　譲渡に関する法的制約

　ファンド投資家としての地位は金商法上の有価証券に該当す
るため（国内のファンドであれば金商法 2 条 2 項 5 号、海外のファ
ンドであれば同項 6 号）、その譲渡に関しては制約が課されます。

　まず、ファンド投資家としての地位を500名以上の者が取得
することとなる場合、「有価証券の募集」（金商法 2 条 3 項、金
商法施行令 1 条の 7 の 2 ）に該当し、有価証券届出書の提出（金
商法 4 条 1 項）その他の開示義務が課されることとなります。
そのため、ファンド投資家としての地位を500名以上の者が取
得するという事態を避けるべく、500名以上の者が取得するこ
ととなる場合には地位の譲渡が認められない旨をあらかじめ
ファンド契約に明記する例が多くなっています。

　また、ファンド持分の勧誘を適格機関投資家等特例業務とし
て行う場合、適格機関投資家等特例業務該当性を維持するため

に、①適格機関投資家は適格機関投資家以外の者への譲渡が禁止される旨及び②特例業務対象投資家は持分を一括して他の一の適格機関投資家又は特例業務対象投資家に譲渡する場合のみ譲渡できる旨を合意する必要があります（金商法施行令17条の12第4項）。また、譲渡によってその他の適格機関投資家等特例業務の要件を満たさなくなる可能性がありますので、適格機関投資家等特例業務の要件を満たさなくなるような譲渡を禁止する必要があります。これらの合意は、ファンド契約以外の契約で行うこともできますが、日本のファンドの場合にはファンド契約で定められることが多くなっています。

　他方で、自己運用のみを適格機関投資家等特例業務として行う場合には、金商法施行令17条の12第4項による譲渡制限の適用はありませんが、適格機関投資家等から出資又は拠出がなされたファンドであることが適格機関投資家等特例業務の要件であり、この要件を満たすためには譲渡制限を定めておくことが望ましいと考えられます。

⑶　ファンド運営者による地位の譲渡

　ファンドにとってファンド運営者が誰であるかが最重要事項であり、ファンド運営者による地位の譲渡を認めることは基本的に想定されません。そのため、ファンド運営者による地位の譲渡を認めるとしても、ファンド投資家全員の同意が必要とされたり、多数決による承認を定めるとしても高い比率の賛成が必要とされたりします。

⑷　ファンド投資家の地位の承継

a　合併等の場合

　ファンド投資家である会社が合併、会社分割などを行い、ファンド投資家としての地位が包括承継された場合、承継を受けた者がファンド投資家となります。ただし、その包括承継を受けた者がファンドに対して自らの地位を主張できるかについては別の問題がありえますので、ファンド契約において包括承継に関する取扱いを明確化しておくことが望ましいと考えられます。特に、包括承継によって適格機関投資家等特例業務への該当性が失われる場合など、規制法や課税の観点から承継を受けた者をファンド投資家として認めることが難しい場合もありますので、具体的な問題が想定される場合にはあらかじめ対処方法を定めることも考えられます。

　なお、事業譲渡の場合には、日本法においては包括承継ではないので、地位の譲渡に関する手続に従う必要があります。

b　相続の場合

　ファンド投資家である個人が死亡した場合、ファンド投資家としての地位は相続人に包括承継されます。その包括承継をファンドに対して主張できるかについては、合併等と同様の問題があるほか、相続人が複数となる場合がありますので、そのまま相続人をファンド投資家として認めてしまうとファンド投資家の数が増える（適格機関投資家等特例業務の要件該当性などが問題になります）、相続人の持分が１口未満となる、といった

事態が生じる可能性があります。

　そのため、相続の場合については、対処方法を定める必要性が高く、自然人の加入を認める場合には、相続が生じた場合を想定した条項を定めることが必要となります。

4　ファンドからの脱退

(1)　任意脱退

a　契約の定め次第

　ファンド投資家によるファンドからの任意脱退を許すかは、ファンド契約で定められますが、ファンドの属性に応じて脱退の難しさが異なります。

　ファンドの投資対象が流動性の高い有価証券である場合には、ファンド投資家の脱退を認めたとしても投資処分により払戻し資金を得ることができますので、ファンドからの任意脱退を認めることによる悪影響は小さく、比較的緩やかに脱退を認めることができます。例えば、ファンド運営者に対して脱退日より一定期間前に書面によって通知することで脱退できるとする例もあります。

　他方、投資対象が流動性の低いものである場合には、ファンド投資家に対する払戻し資金を得ることは難しく、無理に投資処分を行おうとすると適切な価格よりも安い価格での売却を強いられることになるため、ファンド全体に対する悪影響が大きくなります。そのため、このようなファンドではファンド投資

家による任意の脱退に対して厳しい制限が課されることが一般的です。

b　やむを得ない理由による脱退

　いかなる事情があってもファンドから脱退できないというのはファンド投資家にとって非常に厳しい拘束となります。ファンド投資家としての地位譲渡が認められる余地はありますが、通常はこれも厳しく制限されています。そのため、ファンド投資家にとって十分な理由がある場合には脱退が認められるとするのが一般的です。

　投資ファンドではありませんが、民法上の組合（ヨットクラブ）に関して、やむを得ない理由がある場合には、脱退を認めない契約書の規定にもかかわらず脱退が可能とした判例があります。この判例は、民法678条がやむを得ない事由がある場合には組合からの脱退を認めていることについて強行法規であるとした上で、契約において脱退を認めない旨が定められているとしてもやむを得ない理由がある場合には脱退が可能であると判断しました（最判平成11年2月23日民集53巻2号193頁）。投資事業有限責任組合契約法11条でも「やむを得ない場合を除いて、組合を脱退することができない」と規定されていますが、やむを得ない場合には脱退できるという部分は強行法規であり、ファンド契約において別段の定めをしたとしても、やむを得ない場合には脱退は認められると考えられます。

　ファンド投資家がファンドに参加していることが、ファンド投資家にとって法令や判決等の違反になる場合には、脱退が認

められる例が多くなっています。ただし、法令や判決等の違反になることについて、ファンド投資家の言い分を無条件に信じることはできないため、法律顧問による意見の提出が求められるなどの要件が課されることがあります。

c　ファンド運営者の任意脱退

ファンド運営者は、ファンド資産の運用や日々の業務のすべてを担う立場にあることから、ファンド運営者が誰であるかはファンドにとって非常に重要であり、ファンド投資家がファンドに対する参加を決定するにあたっては、ファンド運営者が誰であるかが最も重要な考慮要素となります。そのため、ファンド運営者の任意脱退は厳しく制限されるのが一般的です。

もっとも、やむを得ない理由がある場合にまで、ファンドに留め置くことはできないことから、ファンド運営者であっても脱退が認められます。

⑵　強制脱退

a　解散・死亡・破産手続開始・後見開始による脱退

ファンド構成員について、会社等の場合には解散、自然人の場合には死亡が脱退事由とされます。もっとも、その地位を包括的に承継する者がいれば、脱退事由とならず、承継した者がファンド投資家となるとする例が多くなっています。

また、破産手続の開始決定や、後見開始決定など、ファンド投資家としての能力を失った場合にも脱退事由とされます。

これらの場合は除名と異なり、ファンド投資家の多数決によ

る意思決定又はファンド運営者による決定が不要とされます。これは、重大な義務違反等と異なり脱退事由の該当性の判断が容易であることによります。

b　ファンド投資家の除名

ファンド契約にはファンド投資家の除名が定められます。除名理由はファンドによって異なりますが、一般的に含まれるものとしては、ファンドに対する出資義務の不履行、ファンドを害する行為の存在、ファンド投資家として不適格となったこと（当該ファンド投資家の存在によってファンドの存在又は活動が法令違反となる場合やファンドに著しい負担が生じる場合など）、ファンド契約の重大な違反などがあります。

除名事由に該当した場合にどのような手続で除名を行うかについては、ファンド投資家の多数決による例もあれば、ファンド運営者の判断による例もあります。

c　ファンド運営者の除名

ファンド契約にはファンド運営者の除名も定められます。ファンド運営者に重大な契約違反等があった場合には、ファンド投資家の多数決によりファンド運営者が除名されるとする例が多くなっています。

ファンド運営者の除名事由について、厳しく定められることが一般的です。出資義務の違反が除名事由に該当するとされるのは一般的ですが、そのほかの事由については、ファンドによって定め方が異なります。重大な違法行為や重大な契約違反

といった抽象的な事由を除名事由とする例もあれば、有罪判決
や行政処分などを必要とする例もあります。

　ファンド運営者の脱退はファンドに対して大きな影響を与え
るため、除名事由を制限的に定めるほか、一定期間内の治癒を
認める例が多くなっています。また、ファンド運営者の除名事
由があった後、実際に除名されるにはファンド投資家の多数決
による決定が必要とされる例が多くなっていますが、この決定
に必要な賛成割合は高いものとされるのが一般的です。

　ファンドによっては、ファンド運営者に帰責性がなくても
ファンド運営者を除名できるとする例もあります。この除名
は、no fault divorceと呼ばれることがあります。ファンド投
資家の多数決により決定されますが、この決定に必要な賛成割
合は高く設定されるのが一般的です。

　ファンド運営者に帰責性がないにもかかわらず、ファンド運
営者の除名が決定された場合、その埋め合わせとしてファンド
運営者に一定の金額を支払う旨がファンド契約に定められるこ
とがあります。

⑶　脱退の効力発生日

　ファンド投資家の脱退については、脱退の効力発生時期が問
題となります。脱退事由の発生それ自体が脱退の理由とされて
いる場合、脱退事由発生日をもって脱退すると定められるのが
一般的です。脱退事由の発生後、ファンド運営者による決定又
はファンド構成員による多数決による決定が行われることに
よって脱退することとされている場合、当該決定日をもって脱

退することとされるのが一般的です。また、脱退事由の治癒を認め、治癒期間の経過をもって脱退とする場合には、治癒期間の満了により脱退すると定められるのが一般的です。

　もっとも、ファンド契約にこれと異なる規定を定めることができます。例えば、ファンド投資家が通知により任意に脱退する場合について、当該通知がファンド運営者に到達した日の属する月の最終日を脱退日とするといった例もあります。

⑷　脱退したファンド投資家の権利義務

a　ファンド投資家の地位の喪失

　ファンド投資家は、脱退によりファンド投資家としての地位を失います。そのため、脱退後については、ファンドの業務に関して発生する義務や債務を負うことはありません。もっとも、脱退以前に負担した債務及び義務については、脱退後も免れることはできません。

b　持分の払戻しとファンド投資家としての地位の買取り

　ファンド投資家がファンドから脱退する場合、当該ファンド投資家がファンドの資産に対して有している持分を精算することが必要となります。

　精算方法としては、脱退したファンド投資家に対してファンドから一定額を支払う方法が広くとられています。もっとも、脱退したファンド投資家がファンド投資家としての地位を他のファンド投資家や第三者などに対して譲渡することによって精算することもあります。

c 払戻し又は買取りの対価

脱退したファンド投資家の持分を精算する際に支払われる対価の額はファンド契約によって定められます。

まず、客観的に決定しやすい方法としては、ファンドの貸借対照表を基準とする方法があります。ファンドの貸借対照表における純資産額に脱退したファンド投資家の持分割合をかけることで、一義的に価格を決定することができます。ただし、貸借対照表作成時点から脱退時までの間にファンド資産に変動が生じうるため、その調整について検討する必要があります。投資処分が行われた際には、手取り金の額に対する按分額を加算し、投資処分に係る簿価を減算するといった手当が考えられます。

貸借対照表基準ではファンド資産に関する含み益や含み損が適切に反映されないことを重視し、時価評価によって決定する方法があります。もっとも、プライベート・エクイティ・ファンドの場合、時価評価が難しい資産に対する投資を行うことが多く、時価評価は容易ではありません。時価評価を定める場合には、決定方法をきちんと定める必要があります。脱退したファンド投資家には不利な規定となりますが、ファンドに残っている現金その他の流動性の高い資産の按分額のみを支払うという規定もあります。ファンド運営者がファンド投資家の脱退を極力認めたくない場合に採用されることがあります。

このほかにも、除名されたファンド投資家については、精算を一切行わない（持分を没収する）と定めることも含めて、精算方法の定め方にはバリエーションがありえます。

d　払戻し又は買取りの対価支払のタイミング

　持分の払戻しのタイミングについて、まず、脱退後速やかに支払を行う方法があります。精算が早期に終了するという意味では、ファンドにとっても脱退したファンド投資家にとってもメリットが大きい面があります。しかし、プライベート・エクイティ・ファンドの場合、流動性の低い資産に投資することが多く、精算のための資金の確保が難しいという問題が生じます。この支払を目的としてファンド資産を売却することは望ましくないため、キャピタル・コールを行ったり、借入れを行ったりという対応策を採ることも考えられます。

　このような精算資金の確保が難しいという問題に対しては、ファンド投資家の脱退後、投資処分によって手取り金を得る度に精算金を支払うという方法があります。脱退するファンド投資家にとってはすぐに精算金を得ることができない不利がありますが、残ったファンド投資家にとっては有利な方法となります。ファンド契約を締結する段階では誰が脱退するか不明であるため、この方法のほうが脱退後速やかに支払を行う方法よりも選ばれやすいと考えられます。この方法が選ばれた場合、現物分配が行われた際には精算金を支払うことができないため、その点についてのファンド契約上の手当が必要となります。また、成功報酬やキャリード・インタレストの支払とどちらを優先するかも検討する必要があります。なお、脱退したファンド投資家に対して投資処分手取り金の全額を優先して支払うとする方法と、投資処分手取り金の一部についてのみ脱退したファンド投資家に支払い、残額を残ったファンド投資家に対して分

配するとする方法があります。

⑸ 脱退したファンド運営者の権利義務

　ファンド運営者も、脱退によりファンド投資家としての地位を失います。そのため、脱退後については、原則としてファンドの業務に関して発生する義務や債務を負うことはありませんが、後任が選任されるまでの間はファンド運営者としての権利義務を負うとされる例が多くなっています（後記⑹参照）。また、ファンド投資家と同様、脱退以前に負担した債務及び義務については、脱退後も免れることはできません。

　脱退したファンド運営者に関する持分の精算については、基本的にファンド投資家の場合と同様ですが、ファンド投資家と異なり、報酬についても整理が必要となる点は留意が必要です。

　管理報酬については、脱退まで（又は後任の者が選任されるまで）の日割計算により受領することになると考えられますが、ファンド契約に別の定めをすることも可能です。

　成功報酬やキャリード・インタレストについては、投資処分のあった部分については脱退したファンド運営者が取得するというのが公平なようにも思われますが、その後の投資成績が悪化した場合にはクローバックが必要となりうるため、脱退したファンド運営者に対して支払ってよいかは難しい問題となります。脱退したファンド運営者に対しては、成功報酬やキャリード・インタレストを支払わないとするほうが処理としては簡便であり、ファンド運営者の脱退は厳しく制限されていることも

踏まえて、そのような処理をする例も多くなっています。

⑹　後任のファンド運営者の選任

　ファンド運営者が脱退した場合（ファンド運営者が複数であれ
ばファンド運営者全員が脱退した場合）、ファンドの運営を行う
者がいなくなるため、ファンド契約にその対処方法をあらかじ
め定めておく必要があります。

　まず、ファンド運営者が不在となった場合には、ファンド投
資家の多数決により後任のファンド運営者が決定され、この多
数決に必要な賛成の比率は高いものとする例が多くなっていま
す。この後任のファンド運営者が選任されるまで、脱退した
ファンド運営者はファンド運営者としての任務を行いうるもの
とされる例が多くなっていますが、これはファンドの運営に支
障が生じないようにという配慮に基づくものです。もっとも、
既にファンドから脱退している者であるため、新規投資を行う
権限まで与える必要はありません。

　ファンド投資家によって後任のファンド運営者が選任されな
い場合、ファンドは解散することとなります。

5　解　　散

⑴　ファンドの解散による終了

　ファンドは解散によって終了します。ファンド契約には存続
期間が定められることが一般的となっており、その存続期間が

満了した場合には、ファンドは解散します。投資事業有限責任組合契約法も「存続期間の満了」を解散事由としています（投資事業有限責任組合契約法13条 3 号）。

　また、ファンドの目的が達成された場合又はファンドの目的達成が不可能となった場合にも、ファンドが解散すると定める例があります。投資事業有限責任組合契約法も「目的たる事業の成功又はその成功の不能」を解散事由としています（投資事業有限責任組合契約法13条 1 号）。ファンドの目的は投資活動にありますが、例えば、ファンド投資家による出資約束金額全額を投資に使用し、かつ投資処分及び投資処分手取り金の分配が完了した場合には、ファンドの目的が達成されたと考えられます。また、ファンドの目的達成が不可能になった場合としては、例えば、国内の特定の業種に属する会社に対して投資をする目的としていたにもかかわらず、国内には当該業種に属する会社が存在しなくなった場合などが考えられます。

　ファンドの構成員がいなくなった場合もファンドの解散事由とされます。ファンド投資家が 1 名もいなくなった場合にはファンドの解散事由とされるのが一般的です。ファンド運営者が 1 名もいなくなった場合、後任のファンド運営者を選任する手続がファンド契約に定められている例が一般的ですが、後任のファンド運営者が選任されない場合にはファンドの解散事由となります。

　このほか、法令等に適合した活動を行うための負担が大きくなる場合を解散事由とする例もあります。ファンドとして活動するための負担が大きくなると、ファンドの活動における経済

合理性が失われることから、このような解散事由が定められます。

　ファンド構成員がファンドの解散を希望する場合、あえてファンドを存続させておく必要もありませんので、ファンド構成員による決定も解散事由として定められることがあります。ファンド投資家のみでファンド運営者の意向を無視して解散を決定できるとする例も、ファンド運営者の同意を必要とする例もあります。また、ファンド投資家について、全員の賛成を必要とする例と、多数決で足りるとする例がありますが、持分割合の低いファンド投資家の利益が害される可能性があるため、多数決による場合であっても高い賛成比率が必要とされるのが一般的です。

⑵　解散後の清算

　ファンドが解散した場合、清算人がファンドの清算を行います。ファンドの解散までの間の運営はファンド運営者が行っており、ファンド運営者がそのまま清算人となることがファンド構成員の利益となると考えられますので、ファンド運営者が清算人となるとする例が一般的です。

　もっとも、ファンド運営者が存在しなくなったことが解散事由である場合には、ファンド運営者が清算人となることはできませんので、別の方法による清算人の選任も定められ、通常、ファンド投資家の多数決によって清算人を選任するとされます。また、ファンド運営者が清算人としてふさわしくない場合もありえますが、清算人の解任について定める例は多くありま

せん。ファンド契約に定めなかったとしても、国内のファンドであれば民法その他の規定に基づき清算人の解任及び後任者の選任を行うこともできると考えられますが、ファンド投資家の多数決によって別の清算人を選任しうるとする規定を設けて明確化しておくほうが望ましいと考えられます。

⑶ 清　　算

　ファンド契約には清算人の報酬を定めておく必要があります。清算中のファンドについて管理報酬が発生すると定めることもできますが、管理報酬の額が大きいとファンドの清算を遅らせるインセンティブが働く可能性があるため留意が必要です。高い金額で投資処分することに対するインセンティブとして、清算人に対する成功報酬を定めることもできますが、ファンド運営者と清算人とが異なる場合には、どちらに成功報酬を帰属させるべきかについて検討が必要となります。投資収益は、投資対象の選定・育成によるところが大きいため、投資処分のみを行った清算人が成功報酬の全額を取得できるとするのはバランスを欠くと考えられます。

　清算人の報酬については、「適切な報酬」とする例やファンド投資家の多数決による承認を必要とする例など、ファンド契約に具体的な規定が設けられていない例が多く見受けられます。あらかじめファンド契約に明示しておくほうが望ましくはありますが、ファンドの解散時においてどの程度の資産が残っているかなど、清算人の業務の範囲を予測するのは難しいため、やむを得ないかもしれません。

解散時においてファンドに資産が残っている場合、その処分方法が問題となります。売却の上で手取り金を分配することができれば望ましいですが、流動性の低い資産に投資するファンドの場合、ファンド解散後速やかに売却することが困難な場合が多くなります。そのため、清算時においては現物分配を緩やかに認める例が多くなっています。また、処分機会を増やすという意味で、ファンド投資家に対して売渡請求権を与えることもあります。

　清算手続における分配は、解散前の分配に準じて行われます。

6　契約変更

(1)　原則として多数決により変更される

　ファンド契約の変更は、ファンド構成員の多数決によって決定されるのが一般的です。ファンド契約の変更は、契約当事者であるファンド構成員全員に影響があることからすると、ファンドの構成員の全員一致による変更を必要とすることにも合理性がありますが、ファンド構成員の数が多い場合に一部の者の不合理な反対で必要な変更が行えなくなる事態も想定されますので、多数決による変更を認めるのが一般的です。

　もっとも、ファンド契約の変更はファンド構成員の権利に直接的な影響を与えることが多いため、高い賛成比率が必要とされます。

(2) 軽微なものはファンド運営者の裁量で変更される

ファンド契約の変更の中には、誤記の訂正などファンド構成員の権利に影響を与えないものや、ファンド構成員への影響が軽微なものがあります。そのようなものまでファンド構成員による多数決で決定する必要はないため、一定のものについてはファンド運営者の裁量で変更しうると規定される例が多くなっています。

また、ファンド投資家に有利になるような変更、ファンド運営者の義務を増やす変更についても、ファンド運営者の裁量で変更しうると規定される例が多くなっています。ただし、ファンド投資家の一部についてのみ有利な変更の場合、それ以外のファンド投資家に対して相対的に不利益が生じ、原則に戻って多数決による必要がないか慎重に検討することが必要となります。

(3) 多数決でも変更不能な条項

ファンド契約の変更によりファンド構成員に重大な不利益を与える場合やファンドの本質に関する場合、又は一部のファンド投資家にのみ不利益を与える場合、多数決によるファンド契約の変更を認めると一部のファンド投資家に重大な不利益を生じさせうることとなります。そのため、これらのような変更については、ファンド構成員全員の同意又は不利益を受けるファンド投資家の同意を必要とすることがあります。

なお、契約変更を多数決で行うことは、契約当事者が個別の

145

契約変更について反対していても変更後の契約に拘束されることを意味しますが、これは、当初の契約締結時点において「多数決によって決められた契約変更に従う」という意思表示がなされていることを理由とします。そのため、当初の契約時点において多数決の結論を甘受すると予想できた範囲を超える場合には、たとえ契約に従った契約変更であっても契約変更の効力が否定される可能性もありますので、個別の契約変更においては、当初の契約締結時点における想定の範囲を超えるような契約変更となっていないかを検討することが必要となります。

第 12 章

その他

1 法令上記載が必要な事項

(1) 投資事業有限責任組合契約法の必要的記載事項

　ファンドが投資事業有限責任組合として組成される場合、法律によって求められる記載事項があります。投資事業有限責任組合契約法3条2項に規定があり、以下の事項を記載する必要があります。

- ・組合の事業
- ・組合の名称
- ・組合の事務所の所在地
- ・組合員の氏名又は名称及び住所並びに無限責任組合員と有限責任組合員との別
- ・出資1口の金額
- ・組合契約の効力が発生する年月日
- ・組合の存続期間

(2) 適格機関投資家等特例業務として行うファンドの必要的記載事項

　ファンド持分の勧誘を適格機関投資家等特例業務として行う場合、適格機関投資家等特例業務該当性を維持するために、譲渡制限を定める必要があり、また、その他の適格機関投資家等特例業務の要件との関係で表明保証や誓約が定められることがあります。詳細は第5章1(3)、(4)を参照してください。

また、いわゆるベンチャーファンド特例（金商法施行令17条の12第 2 項、金商業等府令233条の 4 ）を利用する場合には追加の要件の充足等が必要となり、別途の契約条項上の考慮が必要となります。

⑶　有価証券の私募に関して必要な記載事項

有価証券に該当するファンド持分の勧誘が私募として行われる場合、「少人数向け勧誘等」（金商法23条の13第 4 項）として、ファンド投資家に対して、①当該勧誘が少人数向け勧誘に該当することにより、金商法 4 条 1 項の規定による届出が行われていないこと及び②ファンド持分が金商法 2 条 2 項各号に掲げる権利であることを告知し、書面を交付する必要があります（金商法23条の13第 4 項本文、 5 項、特定有価証券開示府令20条 1 項）。別途書面を交付することでも対応できますが、ファンド契約に記載しておくことが多くなっています。

⑷　分別管理に関する記載事項

ファンド運営者が自らファンド持分の勧誘を行う場合や第二種金融商品取引業を行う金融商品取引業者によってファンド持分の勧誘が行われる場合には、そのファンドにおいて分別管理が確保されていることが必要となります（金商法40条の 3 、42条の 4 、金商業等府令125条、132条）。絶対にファンド契約に記載しなければならないというわけではありませんが、ファンド持分の勧誘に関する金商業等府令125条は、求められる分別管理とは「当該事業者の定款（当該事業に係る規約その他の権利又

は有価証券に係る契約その他の法律行為を含む）により次に掲げる基準を満たすことが義務付けられていることにより、当該金銭が当該事業者の固有財産その他当該事業者の行う他の事業に係る財産と分別して管理されていることが確保されているもの」であると規定しており、分別管理についてファンド契約に定めておく例が多くなっています。

⑸　BHCA・ボルカールール

　ファンド投資家が米国Bank Holding Company Act (BHCA)の適用の対象となる場合には、これに対応する規定が定められることがあります。

　まず、bank holding companyは、companyに対する議決権保有が禁止されており、このcompanyには組合も含むところ、保有比率が５％以下であれば例外として議決権保有が許されていることから、ファンドに対する当該ファンド投資家であるbank holding companyの議決権保有比率を５％以下にするための規定がファンド契約に定められることがあります。

　次に、bank holding companyがファンドをcontrolしている場合、ファンドによる他のcompanyの議決権保有もbank holding companyによる間接的な議決権保有として禁止されるため、bank holding companyに該当するファンド投資家のファンドに対する権限をcontrolに該当しないように制限するための規定が設けられることがあります。

　さらに、ボルカールールにより、banking entityがcovered fundの持分を取得することが原則として禁止されますが、こ

の例外要件を満たすためにファンド契約に関連する規定が定め
られることがあります。ボルカールールの例外はいくつもあり
ますが、よく使われるのがSOTUSの例外です。これは、The
activity or investment occurs solely outside of the United
Statesであることが要件とされています。

2 公租公課

⑴ ファンド投資家に課される公租公課はファンド投資家が負担するのが原則

　組合型ファンドはパススルー・エンティティであることが一
般的であり、ファンドに関連する公租公課はファンド投資家に
課され、ファンド自体に課されることは基本的にありません。
ファンドに関連してファンド投資家に課される公租公課は、
ファンド投資家がそれぞれ負担し、ファンド運営者は納税等を
行う義務を負いません。ファンドの活動に伴って生じる公租公
課についてはファンド運営者が支払うほうが簡便であることも
ありえますが、ファンド投資家の属性によって公租公課の取扱
いが異なるため、ファンド運営者が一般的に納税等の事務に関
する義務を負うことは容易ではありません。

⑵ ファンド運営者による公租公課の支払

　ファンドの活動に伴ってファンド投資家が負担する公租公課
について、ファンド運営者が支払を行ったほうが簡便な場合も

あります。そのため、ファンド運営者がファンド投資家のために支払を行うことができると定めることがあります。

　また、あるファンド投資家の公租公課の滞納等によりファンドに対する悪影響が生じる場合には、それに対処するためファンド運営者が当該ファンド投資家の代わりに納税等を行い、その後の分配と相殺するといった規定が設けられることもあります。

　もっとも、前記(1)のとおり、ファンド運営者が義務を負うのは難しいため、公租公課の支払等はあくまでもファンド運営者の裁量とされるのが一般的です。

(3)　納税等に必要な情報の提供

　公租公課はファンド投資家において負担するため、ファンド運営者からファンド投資家に対するファンド投資家の納税に必要な情報の提供が必要となります。ファンド投資家としては必要な情報が提供されることを確保するため、ファンド契約における情報提供の規定を確認し、必要に応じて提供される情報の追加を求めることが必要となります。

　もっとも、この追加がすべてのファンド投資家に関係するものではなく、かつすべてのファンド投資家に対する情報提供に含めるのではファンド運営者の負担が大きくなる場合には、サイドレター等に定めることにより対処することも考えられます。

⑷ ファンド投資家の属性に関する規定

　ファンド投資家の属性によって課税上の取扱いが異なることがあるため、ファンド契約では、ファンド投資家の属性に関する表明保証や誓約などの規定が置かれることがあります。

　外国のファンド投資家が国内の組合型ファンドに投資する場合、当該ファンドは各構成員が共同で事業を行っているものとして、海外のファンド投資家は国内の恒久的施設を通じて事業を行っているとされるのが原則ですが、一定の要件を満たす場合、外国のファンド投資家は、国内に恒久的施設を有しない非居住者・外国法人とみなされます（租税特別措置法41条の21第1項、67条の16第1項）。ファンド契約には、これに関する規定が設けられることがあります。例えば、ファンド運営者にとっては、この例外規定の適用の有無が源泉徴収義務の有無に影響するため、例外規定の要件充足性に関する表明保証やファンド投資家からの通知義務についての規定が置かれます。また、税務上必要な書類の作成に関する義務も規定されます。

3　ファンドグループ

⑴　パラレル・ファンド（Parallel Fund）

　同様の投資方針や条件を持つ複数のファンドが、複数の設立地において、同時期に組成されることがあります。これらのファンドは、同様の投資方針の下で並行して投資活動を行うこ

とが想定されており、パラレル・ファンド（Parallel Fund）と呼ばれます。

　パラレル・ファンドは、規制法や税法上の考慮により複数のファンドに分けて組成され、それぞれ独立のファンドとして運用されますが、同じ投資目的をもってほぼ同一の経済条件で運用されます。ファンド投資家に与えられる権利についても、ファンド組成地の法規制の違い等に応じた違いは生じうるものの、基本的に同じ経済条件となるように組成されます。

　パラレル・ファンドはそれぞれ基本的に独立した投資判断を行うため、運用活動をパラレルとするためには投資機会の共有を確保する仕組みが必要となります。この仕組みとしては、例えば、各パラレル・ファンドの運営者が同じ者から投資助言を受けるという仕組みが考えられます。

　ファンド契約では兼業・利益相反取引の禁止が定められることが一般的ですが（第9章参照）、パラレル・ファンドを組成する場合には他のパラレル・ファンドの組成・運用を許容する規定が必要となります。また、パラレル・ファンドの存在やパラレル・ファンドすべてを合算した全体のファンドサイズなどはファンド投資家の権利に重要な影響を与えるものであり、さらに、ファンド投資家としてはパラレル・ファンド間での投資機会の分配やその他の権利関係の調整において不平等な取扱いが生じないことを確保する必要もあるため、ファンド契約では、パラレル・ファンドのサイズ上限、パラレル・ファンド間の投資機会や売却機会の按分、パラレル・ファンド間における優先・劣後関係の不存在、パラレル・ファンドの投資家はそれぞ

れ実質的に同一の権利内容を有すること、パラレル・ファンド
間での費用負担などが定められます。

　なお、パラレル・ファンド間で組成に時間差がある場合、あ
るファンドで先に投資した有価証券等を他のパラレル・ファン
ドに譲渡することも考えられますが、このような譲渡が想定さ
れるのであればあらかじめそのルールを定めておくことも必要
と考えられます。

⑵　共同投資ファンド（Co-Invest Fund）

　ファンド契約には投資制限に関する規定が設けられることが
多く、例えば、１社に対する投資は出資約束金額の10％以内と
いった上限が定められることがあります。このような投資制限
上の制約により投資できない投資機会については、その上限を
超えて投資するために別のファンドが組成されることがあり、
共同投資ファンド（Co-Invest Fund）などと呼ばれます。

　共同投資ファンドが組成される場合、ファンド運営者に対す
る兼業・利益相反取引の禁止との関係で、共同投資ファンドの
組成を認める規定が必要となります。そこでは、どのような場
合に共同投資が認められるか、報酬や費用の負担はどうするか
についても定める必要があります。また、パラレル・ファンド
と同様にファンド投資家の権利が基本的に同一となるよう定め
ることが必要となります。

⑶　従業員ファンド（Employee Fund）

　一般的に、ファンド運営者はファンドに対する出資を行いま

すが（いわゆるセーム・ボート出資）、これはファンド投資家と同一の経済利益を持たせ、投資活動に真剣に取り組ませることを目的とします。ファンド運営者の役職員についても、同様のインセンティブが働くことが望ましい場合があり、ファンド運営者の役職員にファンド投資家としてファンドに参加させることもありますが、別の方法として、ファンド運営者の役職員がファンドと並行投資するための従業員ファンド（Employee Fund）が組成されることがあります。ファンド運営者の役職員がそれぞれ個人として投資に参加することも可能ですが、従業員については投資金額が大きくないことが一般的ですので、通常は従業員ファンドとしてひとまとめにした上で投資が行われます。

　従業員ファンドを日本において組成する場合、従業員ファンドの運営者について金融商品取引業の登録が問題となります。適格機関投資家等特例業務として行うためにはファンド投資家の範囲に制限がありますので、特例業務対象投資家に該当する者のみが従業員ファンドに参加するよう確認が必要となります。また、ファンド運営者がその業務を適格機関投資家等特例業務として行う場合、当該ファンドが従業員ファンドからの出資を受け入れることができるかについて、従業員ファンドの不適格投資家（金商法63条1項1号ハ、金商業等府令235条2号）の該当性を検討する必要があります。従業員ファンドの構成員と内部ルールによっては金融商品取引業に該当しないこともありますので、規制法を考慮しつつストラクチャーを検討することが必要になります。

　なお、従業員ファンドを特別有限責任組合員としてファンド
に参加させることについては後記6を参照してください。

⑷　フィーダー・ファンド（Feeder Fund）

　ファンド投資家によるファンドへの直接の投資が規制法又は
税法上の問題を伴う場合、フィーダー・ファンド（Feeder
Fund）が組成されることがあります。フィーダー・ファンド
は、基本的に、本来であれば直接投資したいファンド（マス
ター・ファンド）への投資のみを目的として組成されます。

　フィーダー・ファンドは、マスター・ファンドへの投資のた
めの経由として組成されるものであるため、二段階で成功報酬
が発生することは基本的に想定されません。そのため、フィー
ダー・ファンドのファンド契約においては、フィーダー・ファ
ンドにおいて追加的な費用や報酬が発生しないか、発生しても
実費に限られているか、という点について確認する必要があり
ます。

　フィーダー・ファンドの投資家の一部に債務不履行があった
場合、フィーダー・ファンドからマスター・ファンドへの出資
が滞ることになるため、その対応を想定した規定が必要となり
ます。この場合にはマスター・ファンドに対する出資額の不足
を補うためにフィーダー・ファンドにおいて追加的なキャピタ
ル・コールがなされるのが一般的と思われますが、マスター・
ファンドにおける出資期限との関係上、キャピタル・コールか
ら出資までの期限が短く設定されていることがあり、フィー
ダー・ファンドの投資家としては注意が必要です。

⑸　代替投資ビークル（Alternative Investment Vehicle）

　規制法又は税法上の理由により、ファンドがある投資先に対して投資をすることに不都合がある場合、ファンドとは別の投資用ビークルを組成した上で、ファンドを経由することなく投資を行うことがあります。このビークルを代替投資ビークル（Alternative Investment Vehicle）といいます。

　ファンド投資家による代替投資ビークルへの出資は、メイン・ファンドへの出資の代わりのものですので、代替投資ビークルの契約条件は、エンティティの性質の違いに伴うものを除き、メイン・ファンドのものと基本的に同一とされます。また、代替投資ビークルにおける出資、分配、報酬又は費用の支払などは、メイン・ファンドで行う場合と同視するという規定が置かれます。投資有価証券等について、メイン・ファンドと代替投資ファンドとの間でのやり取りを認める場合には、その際のルールをあらかじめ定めておくことも必要となります。

　代替投資ビークルは、その組成・運営に費用がかかる上、別のビークルを使うことで予想外の負担等が生じる可能性もあるため、制限的に利用されるべきと考えられます。そのため、代替投資ビークルの使用は本当に必要な場合に限られるべきであり、代替投資ビークルの使用に際しては弁護士等の専門家による意見の取得を要件とする等の対応も考えられます。

4　オープンエンド型ファンド

⑴　オープンエンド型ファンドが用いられる理由

　ファンドの存続中に投資家の脱退を認めるものをオープンエンド型のファンドといい、脱退を認めないものをクローズドエンド型のファンドといいます。典型的なプライベート・エクイティ・ファンドは、クローズドエンド型で組成されます。これは、プライベート・エクイティ・ファンドが流動性の低い有価証券に対して中長期の投資を行うものであり、ファンドが清算段階に入る前の任意脱退を認めてしまうと脱退者に対する払戻しに困難を来す可能性などがあることによります。

　もっとも、クローズドエンド型の場合、ファンドからの脱退が長期間認められないため、ファンド投資家は長期間において投資リスクを負い続けることとなりますが、これは、状況の変化（ファンドの運営状況のみならず、投資家の財政状態や市場環境その他の環境も含む）にもかかわらずリスクを負い続けなければならないことを意味し、ファンドへの投資に対して消極的になる１つの要素となりえます。そのため、ファンド投資家の立場からはオープンエンド型に対する需要があり、ファンド運営者の立場からみても、ファンド投資家のこのリスクを抑えることにより、より多くの投資家から資金を得る可能性が広がることとなります。

⑵　脱退の制限

　ファンド投資家の脱退を認める場合であっても、ファンドからの脱退及びファンド持分の払戻しの時期について無制限とすると諸々の問題が生じうるため、契約上の対処が必要となります。

　実際に生じうる問題として、ファンド投資家の脱退による各ファンド構成員の持分割合の変動により、ファンド運営者、ファンド投資家又はファンド自体に対する法規制又は租税法上の取扱いへの悪影響が生じることが考えられます。例えば、ファンド投資家の中にファンドの持分比率に関する規制（銀行法に基づく議決権保有規制など）を受ける者がいる場合、特定のファンド投資家が脱退すると残るファンド投資家の持分比率が上昇し、当該持分比率規制への抵触が生じうることとなります。また、ファンド運営者が適格機関投資家等特例業務の特例に依拠してファンドを運営している場合、唯一の適格機関投資家の脱退によって適格機関投資家等特例業務の要件を満たさなくなることもあります。このような問題に対処するため、法規制や租税法上の問題を生じさせる場合には脱退自体を制限することが考えられます。

　さらに、ファンドのサイズが想定よりも小さくなることで予定した規模の投資ができないなどファンドとしての活動に支障が生じることがあるために、ファンドのサイズが一定基準以下となる場合には脱退を認めないという対応や、一度に大きな割合の脱退が生じることのインパクトを緩和するために、脱退の

対象となる持分のファンド全体に占める割合が一定割合を超える場合には脱退を認めないという対応も考えられます。

このほか、市場の混乱など投資資産の処分に支障が予想される場合などファンド持分の払戻しに支障が生じる可能性がある場合、ローン契約の財務制限条項などファンドが締結している契約に違反する場合などにも脱退を認めないという対応が考えられます。

一定の割合又は金額を基準として脱退を制限する場合、脱退を認められるファンド投資家と脱退を認められないファンド投資家が出てくる可能性があり、誰に脱退を認めるかが問題となります。脱退基準日を設ける場合には脱退を希望するファンド投資家の持分に応じて按分することも考えられますが、当該按分対象となったファンド投資家の全員がファンドに残り続けることを強いられるため、必ずしも最適な対処方法とはいえず、先着順とする方法や抽選とする方法が有力な選択肢となります。

⑶ 脱退手続

オープンエンド型ファンドにおける脱退に伴うファンド持分の払戻金額については、基本的に脱退日を基準として計算すべきであることから（投資事業有限責任組合契約法16条、民法681条1項、3項参照）、払戻金額の計算のためにはファンドの決算日付での脱退のみを認めることが簡便といえます。

また、脱退基準日たる決算日よりも一定期間前に脱退申込期限を設けることが手続的な面からは望ましいと考えられます。

これにより、脱退後の払戻しのための借入れや投資資産の売却といった準備も可能となるほか、脱退に伴い法規制又は租税上の問題が生じる場合にはその対応策を検討することが可能になります。

⑷　持分払戻しの制限

ファンドからの脱退を原則的に認めたとしても、持分の払戻しの制限の要否を検討する必要があります。

払戻しの金額に関しては、ファンド契約に定められる持分金額を払戻金額とするのが基本とは考えられますが、短期での脱退を制限して安定的なファンド運営を確保する目的や脱退に関してファンドに生じた費用をカバーする目的で、持分金額から一定金額を控除した金額を払戻金額とすることも考えられます。

払戻し実行のタイミングについては、流動性の高い資産に投資するファンドであれば早期の払戻しを認めやすい一方、流動性の低い資産に投資するファンドであればファンド資産の処分によってファンドに手取り金が入ってきたタイミングでの払戻しとするほうがファンド全体の利益に資するものとして適切であると考えられます。

⑸　投資家の追加加入

典型的なプライベート・エクイティ・ファンドの場合、投資家の追加加入はファンド組成後一定期間に限られるのが一般的ですが、オープンエンド型のファンドの場合には脱退を認める

一方で投資家の追加加入も認め、ファンド運営を継続していくことが通常と考えられます。

　この場合、追加加入までにファンドに生じたコスト及びファンドの投資により生じた利益について、新規加入者と既存の投資家との間の利害調整が問題となります。クローズドエンド型のファンドの場合、新規加入者は当初から参加していたものとみなすことが多くなっていますが、ファンド組成からかなりの時間がたった後の参加について同じように取り扱うのは適切ではないことが多く、オープンエンド型のファンドにおいては、基本的にファンド投資家ごとに個別に持分金額の計算をする仕組みとすることが適切と考えられます。

5　持分間での優先劣後構造を有するファンド

⑴　持分間での優先劣後構造が用いられる理由と法律上の整理

　組合形態をとるファンドにおいては、基本的に組合財産は総組合員の共有に属するため（民法668条参照）、出資割合や持分割合に応じて損益分配が行われるのが通常です。しかし、株式会社において優先株式を用いた利害調整が行われるのと同様に、ファンド投資においても、ローリスク・ローリターンの持分とハイリスク・ハイリターンの持分とに分けるニーズが存在し、そのようなファンドが組成されることもあります。

　組合型のファンドであれば、契約書によって構成員間の権利関係を定めることができるため、ファンド契約の具体的な条項

を通して持分間での優先劣後構造を設定することができます。投資事業有限責任組合について、投資事業有限責任組合契約法6条3項が「出資一口の金額は、均一でなければならない」としていますが、同条項の文言からすると出資1口の金額の均一のみを定めるものであり、持分の内容が均一であることまでは求められないと考えられます。特別有限責任組合員の仕組み（後記6参照）も広く認知されており、持分の内容が均一でないことが投資事業有限責任組合契約法違反とされることはないと考えられます。

⑵　ファンドの1個性

1つのファンドについて優先劣後構造を設けることが法律上許されるとしても、組合は構成員が共同で事業を営むものであるため、これに反するような優先劣後構造を設けることはできないと考えられます。その限界は必ずしも明確ではないものの、持分の内容があまりにも異なる場合には、各構成員の利害関係が大きく異なることとなり共同事業性を欠くとされる可能性もあります。万が一、共同事業性を欠くとされた場合には、1つのファンドであることが否定され、同じ内容の持分ごとに別の組合が存在すると認識されることとなります。その場合、ファンド運営者が金融商品取引業者又は適格機関投資家等特例業務届出者として作成した各種書類の記載が誤りであったことになるほか、適格機関投資家等特例業務の要件にも大きく影響する可能性があります。投資事業有限責任組合であれば登記（投資事業有限責任組合契約法17条）に誤りがあったことにもな

る可能性があります。

⑶ ファンド外の者との関係

ファンド持分に優先劣後構造を設けた場合、ファンド契約の当事者間においては有効であるものの、ファンド外の第三者との関係でも効力が認められるとは限りません。株式会社における優先株式の内容が登記の対象となり第三者に対しても主張しうるのに比べると、対外的な効力は弱いといえます。

もっとも、ファンド契約上の地位の譲渡については、譲受人がファンド契約に拘束されることに同意することが要件とされるのが一般的であり（H22モデル契約35条3項、VCモデル契約34条3項参照）、通常は問題となることは多くないと考えられます。

⑷ 契約条項作成上の留意点

ファンド持分に優先劣後構造を設ける場合、分配に関する条項を適切に定めることが必要となります。具体的には、優先持分を有する投資家に対する優先分配のタイミングや内容などを定める必要があり、また、清算に関する条項についても分配に関する規定と平仄を合わせて規定する必要があります。

このほか、ファンド財産の所有持分及び損益の帰属割合に関する条項（第2章5参照）にもファンド持分の優先劣後構造に従った調整が必要となります。

6 特別有限責任組合員（Special Limited Partner）

⑴ キャリード・インタレストを受領するファンド投資家

　ファンド運営者の役職員がファンド投資家となり、キャリード・インタレストを受領できることとする場合があります。このようなファンド投資家を「特別有限責任組合員」又は「Special Limited Partner」と呼びます。

　第1章2⑸、第4章2及び第8章2⑶のとおり、キャリード・インタレストの分配はファンドの分配ルールであり、ファンド分配ルールはファンド契約において自由に定めることができますので、ファンド契約においてファンド運営者ではなくファンド投資家がキャリード・インタレストを受領すると定めることも許されます。キャリード・インタレストの分配は譲渡所得として課税されることとなるため、ファンド運営者がキャリード・インタレストを受領し、ファンド運営者がファンド運営者の役職員に対して報酬又は給与を支払う場合と比べてファンド運営者の役職員における税務上の取扱いが有利になることが多く、ファンド運営者の役職員がファンド投資家としてファンドに加入し、キャリード・インタレストの分配を受ける仕組みが検討されます。

⑵ 税務上の取扱い

　特別有限責任組合員又はSpecial Limited Partnerの税務は

それぞれの居住地等によって異なりますが、日本においては、所得税基本通達36・37共－19において譲渡所得としての取扱いを受けることができるかが問題となります。この点に関しては、国税庁が個人課税課情報第2号、資産課税課情報第8号「キャリード・インタレストを受け取る場合の所得税基本通達36・37共－19の適用について（情報）（令和3年4月1日）」において見解を示しており、「キャリード・インタレストが、組合員に対する組合利益の分配として組合契約で定められている場合において、当該分配を受けるべき利益が組合契約で定められた分配割合に応じた構成員課税の対象となるためには、組合員が経済的合理性のある分配割合で組合事業から生じる利益の額の分配を受けることが要件とされる」とし、経済的合理性について「組合契約に定めている分配条件が恣意的でないこと」「組合契約の内容が、一般的な商慣行に基づいていること」、特別有限責任組合員又はSpecial Limited Partnerが「投資組合事業に貢献していること」が必要としています。

⑶ 特別有限責任組合員又はSpecial Limited Partnerの変動

　ファンド運営者の役職員が特別有限責任組合員又はSpecial Limited Partnerとなる場合、これらの者がファンド運営者から退職等をすることでファンド運営業務に関与しなくなることがあります。逆に、ファンド運営者にて新規に使用された者に対してキャリード・インタレストの分配を行いたいこともあります。特別有限責任組合員又はSpecial Limited Partnerを固定的に定めてしまうと、分配ルールの変更にファンド契約の変

更が必要になるなど柔軟に対応することが難しくなります。他方で、柔軟な取扱いができるようなルール設計をすると、税務上「組合契約に定めている分配条件が恣意的でないこと」が求められている点への抵触が問題となります。ファンド運営者の役職員を構成員とする任意組合を組成し、特別有限責任組合員又はSpecial Limited Partnerとすることで、当該任意組合内で処理することによりファンド運営者の役職員の変動に対応することも考えられますが、当該任意組合が集団投資スキームに該当する場合（金商法2条2項5号）にはその運営には金融商品取引業が問題となり、また、当該任意組合を特別有限責任組合員又はSpecial Limited Partnerとすることでファンド運営が適格機関投資家等特例業務に該当しなくなるおそれはないかが問題になるなど、検討すべき論点は少なくありません。

⑷　ファンド運営者経由のキャリード・インタレストの受領

　特別有限責任組合員又はSpecial Limited Partnerの仕組みを設けずとも、キャリード・インタレストを受領するファンド運営者が組合形態であれば、その構成員である個人が受領するキャリード・インタレストは譲渡所得となりえます。そのため、ファンド運営者を組合形態にすることも一案です。

■ 著者略歴 ■

本柳　祐介（もとやなぎ　ゆうすけ）

弁護士（西村あさひ法律事務所）・ニューヨーク州弁護士
2001年早稲田大学法学部卒業、2003年司法修習修了（56期）
2010年コロンビア大学ロースクール卒業（LL.M.）、2010〜2011年デービス・ポーク・アンド・ウォードウェル法律事務所（ニューヨーク）勤務。2011年デービス・ポーク・アンド・ウォードウェル外国法事務弁護士事務所（東京）勤務、2011〜2012年ドイツ証券株式会社法務部出向。主な著書として、『金融商品取引業のコンプライアンスQ&A』（商事法務、2022年）、『ファンドビジネスの法務［第4版］』（共著、金融財政事情研究会、2022年）、『ファンド契約の実務Q&A［第3版］』（商事法務、2021年）、『STOの法務と実務Q&A』（商事法務、2020年）他多数。

KINZAIバリュー叢書 L
わかるファンド契約

2023年9月13日　第1刷発行

著　者　本　柳　祐　介
発行者　加　藤　一　浩

〒160-8519　東京都新宿区南元町19
発　行　所　一般社団法人 金融財政事情研究会
編 集 部　TEL 03(3355)1721　FAX 03(3355)3763
販売受付　TEL 03(3358)2891　FAX 03(3358)0037
URL https://www.kinzai.jp/

DTP・校正：株式会社友人社／印刷：三松堂株式会社

ISBN978-4-322-14365-2

創刊の辞

2011年3月、「KINZAI バリュー叢書」は創刊された。ワンテーマ・ワンブックスにこだわり、実務書より読みやすいが新書ほど軽くないをコンセプトに、現代をわかりやすく切り取り、かゆいところに手が届く、丁度いい「知識サイズ」に仕立てた。

ニュース解説に留まらず物事を「深掘り」した結果、バリュー叢書は好評を博し、間もなく第一作の「矜持あるひとびと」から数えて刊行100冊を迎える。読者諸氏のご愛顧の賜物である。

バリュー叢書に通底する理念は不易流行である。「金融」「経営」などのあらゆるジャンルに果敢に挑戦しながら、「不易」―変わらないもの―と「流行」―変わるもの―とをバランスよく世に問うことである。本叢書シリーズは決して色褪せない。それはすなわち、斯界の第一線実務家や研究者が現代を切り取り、コンパクトにまとめ、時代時代の先進的なテーマを鮮やかに一冊に落とし込んでいるからだ。次代に語り継ぐべき大切な「教養」や「斬新な視点」、「魅力溢れる人間力」が手本なき未来をさまようビジネスパーソンの羅針盤になっているものと確信している。

2022年12月、新たに「Legal」を加え、12年振りに「バリュー叢書L」を創刊する。不易流行は変わらずに、いま気になることがすぐにわかる内容となっている。第一線実務家や研究者はもとより、立案担当者や制度設計に携わったプロ達も執筆陣に迎えている。

新シリーズもまた、混迷の時代、先が見通せないと悩みながら「いま」を生き抜くビジネスパーソンの羅針盤であり続けたい。

加藤　一浩